일본인이 말하는

일본어 대화

경어 상식과 비즈니스 매너 중급편

일본인이 말하는

일본어 대화

경어 상식과 비즈니스 매너 중급편

펴낸날   초판1쇄 2017년 9월 15일

지은이   明倫少老
펴낸이   서용순
펴낸곳   이지출판

출판등록 1997년 9월 10일 제300-2005-156호
주   소 03131 서울 종로구 율곡로6길 36 월드오피스텔 903호
대표전화 02-743-7661 **팩스** 02-743-7621
이 메 일 easy7661@naver.com
디 자 인 오서영
인   쇄 네오프린텍(주)

ⓒ 2017 明倫少老

값 20,000원

ISBN 979-11-5555-073-1 03730

※ 잘못 만들어진 책은 바꿔 드립니다.

이 도서의 국립중앙도서관 출판예정도서목록(CIP)은 서지정보유통지원시스템 홈페이지(http://seoji.nl.go.kr)와
국가자료공동목록시스템(http://www.nl.go.kr/kolisnet)에서 이용하실 수 있습니다.(CIP제어번호: CIP2017022643)

일본인이 말하는
일본어 대화
경어 상식과 비즈니스 매너 중급편

明倫少老 지음

이지출판

일본어가 어렵다는 것은 특히 경어 사용 때문이다. 일본 사람과 대화할 때 경어를 모르면 말은 알아듣는다 하여도 무식한 사람으로 취급되거나 인간성까지도 의심받게 된다.

경어는 고사하고 일본말을 전혀 몰라도 '보디랭귀지'만으로 일본 전국을 누볐는데 아무 불편 없더라는 사람도 있지만, 단순한 관광 목적이 아니고 사교적 방문이거나 비즈니스를 비롯하여 일본에서 생활하려면 최소한의 경어는 구사할 줄 알아야 할 것이다. 경어를 모르고 직장생활을 한다면 이것은 개인의 문제만이 아니라 자기가 소속된 회사 신용까지도 상처를 입히게 된다는 것을 알아야 한다.

우리나라 유머에 "아버님 대갈님에 검불(마른 풀이나 낙엽 등을 말함)님이 붙으셨습니다"라는 말이 있는데, 우리나라 말의 경어인 '님'을 많이 붙여 사용했다고 하여 존댓말이 되는 것도 아니며, 또 '머리'의 난폭한 표현인 '대갈'이라는 말에 경어를 붙였다고 하여 존댓말이 되는 것이 아닌 것처럼 일본어도 마찬가지다. 모든 말에 경어를 붙인다고 존댓말이 되는 것이 아닌 것으로 존댓말의 경어를 만들고자 할 때는 일정한 '룰'이 필요한 것이다.

이밖에도 경어를 사용할 때 이어지는 말도 정중한 말로 전체적

균형을 맞추어야만 비로소 존댓말이 되는 것이다. 특히 비즈니스맨들이 사용하는 경어는 회사 내외를 불문하고 또 연령이나 입장이 다른 사람일지라도 분위기 좋게 함께 일하기 위한 도구인 것이다.

비즈니스 경어는 반드시 표준어만 사용하는 것도 아니고 사용법이 국어교과서에서 약간 벗어났다 하여도 일반적으로 쓰는 말도 있고, 하나의 관용구로 사용되는 말들도 많이 있다. 비즈니스맨은 비즈니스 경어를 현장에 어울리게 사용할 줄 알아야 하는 것이다.

일본 사람들이 한국 사람과 이야기할 때 왜 한국 사람들은 한문 투의 말과 난폭한 말을 많이 쓰느냐고 지적하는 사람도 있다. 우리나라 사람들이 일본말을 할 때는 생각나는 대로 우리말을 직역하다 보니 한문 투의 말을 쓰게 되고, 난폭한 말 사용은 경어 사용의 기회가 없어 일본어 단어만 이어붙이다 보니 모두 잘된 일본말로 착각한 데 원인이 있는 것 같다.

하여튼 경어를 가장 빠르게 익힐 수 있는 방법은 우리나라 속담에 "호랑이를 잡으려면 호랑이 굴로 들어가라"는 말이 있듯이 일본 현지에 가서 일본 사람과 함께 살면서 익히거나, 일본 회사에 아르바이

트라도 하면서 직접 체험하는 것이 지름길이라고 생각한다. 경어는 단순히 단어나 문법만 잘 안다고 이루어지는 것은 아니다. 우리가 영어를 중고등학교와 대학 교육과정을 거쳐 장기간 우수한 성적으로 마쳤다 해도 제대로 못하는 경험을 하였을 것이다. 이런 현상은 우리가 그때그때 장소, 분위기나 인간관계 등 여러 정황을 파악하여 이에 어울리는 말을 사용할 줄 몰랐기 때문인 것이다.

경어는 같은 사람을 상대하여 이야기하는 것이라도 자리가 달라지면 사용방법이 달라진다. 예를 들면 직장상사인 과장의 업무지시를 받았을 때 「わかりました、課長。急ぎの仕事ですね。では、すぐやります」라는 식으로 그렇게 정중한 말을 사용하지 않아도 되지만, 과장이 손님과 이야기하고 있을 때는 「お話し中恐れ入ります。課長、至急のお電話がはいっていますが、いかがいたしましょうか」라는 식으로 격식 차린 정중한 말을 사용하여야 한다.

이와 같이 장소에 따라 경어를 구분 사용할 수 있다는 것은 근무장소에서 일하는 목적을 알고 있다는 것이고, 또 필요한 마음씀씀이 가능하다는 것을 이야기하는 것이다. 다시 말하여 '경어가 어렵다'는 것은 그 배후에 이러한 문제가 가로놓여 있기 때문일 것이다.

비즈니스 사회란 경어 사회라고 말할 수 있다. 모든 조직 안에서는 사람마다 지위나 입장이 확실하게 되어 있어 거기에 알맞는 대응이 요구된다. 특히 신입사원 시절에는 입사동기생 이외 모두가 자기보다 윗사람들이다. 입을 열었다 하면 경어를 사용하지 않고 근무할 수 없는 환경이다. 또 직장에서는 고객이나 거래처 사람을 가장 소중하게 여기도록 하고 있어 자기와 직접 관계 없는 사람이라도 회사의 고객인 경우에는 그냥 지나칠 수 없는 것이다.

이처럼 비즈니스 사회에서 경어 사용은 엄격하게 요구되고 있는 것이 오늘날 직면한 현실이다. 경어 사용을 두려워하지 말고 잘못하여 실수하는 일이 있다 하여도 계속 사용하는 것이 상책이다. 실수를 두려워하여 입을 다물고 있어 보아도 경어는 늘지 않는다. 다른 외국어도 마찬가지지만, 말이란 많은 지식이 머릿속에 가득하다 하여도 실제로 사용하지 않으면 자기 것이 되지 않는다. 문법적으로 조금 이상한 말투라도 말하는 사람이 상대방을 존경하고 소중히 생각한다는 마음만 보인다면 모두 이해하여 줄 것이다.

실수를 두려워하지 말고 더욱 경어 사용을 하도록 노력하자. 경어 숙달의 지름길은 배워서 머리에 저장하는 것보다 말을 입 밖으로 내보내어 몸으로 익히는 일이라고 할 수 있다.

이 책은 제1부 경어 상식편과 제2부 비즈니스 매너편으로 나누어져 있다. 제2부의 비즈니스 매너는 특별히 아래와 같은 사람을 위하여 마련한 글이다.

• 일본에서 일을 하면서 비즈니스 일본어를 알고자 하는 사람
• 일본의 비즈니스 매너 등을 모르는 사람
• 비즈니스 일본어를 배웠지만 언제 어떻게 써야 할지 불안한 사람

비즈니스 매너란 사람이 집단생활을 하는 이상 누구나 지녀야 할 상식이다. 근본적 토대는 다른 사람에 대한 다정한 마음씨와 배려하는 마음이다. 어떤 일이든 다른 사람으로부터 신뢰나 협력 없이 성공할 수는 없다. 비즈니스 매너는 모든 사람이 좋은 인간관계를 구축하기 위한 과정에서 필요한 지혜가 집약되어 있는 것이다.

비즈니스 매너를 올바로 이해하고 몸에 익혀 자기 것으로 지닌다는 것이 비즈니스맨이 직장에서 활약하는 비결이다. 매너란 예의를 지키고 실행하는 방식으로 오늘날 글로벌 시대로 들어서면서 급격

히 국제적 예의와 매너의 소중함이 중요시되고 있음이 현실이다. 최
근 우리나라 기업인들이 가까운 일본과 비즈니스로 인한 출입이 많
은 점을 감안하여, 비즈니스맨들의 활동에 조금이라도 도움이 될 것
이라고 예견되는 내용만 선별하였으므로 모든 비즈니스맨들의 좋은
참고서가 되기를 기대한다.

    끝으로 이 책이 출간되기까지 각별히 보살펴 주신 이지출판사 서
용순 대표와 직원 여러분에게 감사드린다.

丁酉年 立秋

明倫少老

차례

제2부　비즈니스 매너편

제1부

◆

경어 상식편

제1장

일본말 경어의 일반상식

경어로 말하려는 상대방이 다르다

경어란 우리말사전에 의하면 "공경하는 뜻을 나타내는 말, 높임말, 공대말, 존경어, 존칭어"라고 되어 있다.

일본어 경어를 배우기 전에 먼저 알아두어야 할 것은 우리나라 경어와 일본 경어는 '경어로 말하려는 상대방이 다르다'는 차이점을 알아야 한다. 우선 경어로 말을 하여야 할 대상을 알지 못하면 말뜻이나 문법은 틀림없다 하여도 우스꽝스러운 말이 되고 마는 것이다.

우리나라는 경어 사용의 대상이 나이가 많은 어르신이나 회사에서 자기보다 윗사람인 상사는 모두 경어를 사용할 대상이다. 일본의 경어 사용 대상은 内側(うちがわ)과 外側(そとがわ)의 구분에 따라 경어 사용 대상이 달라진다. 이러한 경어 사용 대상의 차이점을 모르고

단어의 뜻과 문법만 잘 알면 된다고 착각하고 일본말을 한다는 것은 우습고 창피한 일이다.

內側(うちがわ)이라는 말을 우리말로 설명하면 '우리 쪽', '내편'이라는 뜻으로 다른 회사 사람과 이야기할 때는 우리 회사 사람들도 모두 내편이 되지만, 같은 회사 사람들과 이야기할 때는 자기 가족과 같이 가까운 사람 이외는 內側(うちがわ)이 아니고 外側(そとがわ)이 되어 경어 사용 대상이 바뀐다.

이와 같이 장소에 따라 內側(うちがわ)과 外側(そとがわ)의 구분이 변하여 경어 사용 대상도 달라진다는 것을 알 수 없으면 경어라는 말조차 무의미한 것이다. 일본어 경어는 대화 상대방을 기준으로 內側(うちがわ)에 관한 것은 모두 겸양어를 사용하고 外側(そとがわ)의 것은 경어를 사용한다는 것이 상식이다.

우리나라 사람들이 제일 먼저 일본말을 배우면서 문제를 일으키는 것은 첫째로 우리나라 관습에 젖어 나이 많은 어르신이나 직장 상사에게는 무조건 존댓말을 해야 한다는 의식 속에서 헤어나지 못하고 있어 경어 사용 구분을 하지 못하는 것으로 본다.

대화시의 기본 경어

1) 상대방을 가리키는 말

비즈니스 활동을 하면서 보통 대화할 때 상대방을 가리키는 말 한마디가 불쾌하게 만드는 경우도 있다. 따라서 대화 상대를 가리키는 말과 제3자를 가리키는 말에 관한 경어를 살펴보자.

(1) 대화 상대방을 가리키는 말(2인칭)

대화 상대방을 가리키는 말로 「おまえ」, 「きみ」, 「あんた」, 「おた
く」 등 여러 가지 2인칭을 나타내는 말은 있지만 표준형은 「あなた」
다. 옛 일본 경어에서는 「あなた」라는 말을 윗사람에게는 사용하지
않는 말로 되어 있었으나 요즘은 사회적으로 허용되어 있는 것 같다.
이 「あなた」는 「そちら様」 「お宅様」 등으로도 표현하고, 찾아온 손님
에게는 「お客様」이라고 한다. 이들 2인칭 경어는 상대방이 자기 회사
사람인 때는 사용하지 않는다.

그러나 윗사람이거나 선배인 때는 반드시 이름이나 직함을 부르
도록 한다. 거래처 사람이나 회사 고객 같은 외부사람의 호칭은 2인
칭 경어를 사용하도록 한다. 상대방이 어느 조직 대표이거나 회사 대
표자로서 대화를 하는 것이라면 「お宅様」라는 표현은 그 조직 또는
회사 전체를 가리키는 말이 된다. 이밖에 상대방 회사의 존칭어로는
「御社」, 「貴社」라는 말이 있고. 또 여러 사람을 가리킬 때는 「皆様」
또는 「皆様方」라는 말을 사용하기도 한다.

(2) 제3자를 가리키는 말(3인칭)

제3자를 가리키는 말로 「そちら様をご紹介願えますか」라는 경우
가 있다. 이때 「そちら様」는 대화 상대방을 가리키는 말이 아니고 제
3자를 가리키는 말이다. 또 화제에 오른 사람을 말할 때는 다음과 같
은 존칭어를 사용한다.

あの人 → あちら様(あちらの方)

この人 → こちら様(こちらの方)

또 알지 못하는 사람을 가리키는 존칭어는 どなた様 또는 どちら様 (どちらの方)라고 말한다.

다음에 열거한 존칭어는 제3자를 가리키는 2인칭으로, 이름을 알지 못하는 손님 등을 부를 때 사용한다.

男性の方 - 殿方 - ご主人様 - おぼっちゃま

女性の方 - ご婦人の方 - 奥様 - お嬢様

お子様 - お若い方 - お連れ様 - 係の方

⊙ 존칭하는 말이라 하여도 「お年を召した方」라든가 「ご年配の 方」라는 말과 같이 당사자가 싫어하는 말은 사용하지 않는 것이 좋다.

2) 자기를 가리키는 말

자기를 가리키는 말은 상대방을 가리키는 말보다 그렇게 복잡하지 않다. 자기에 대한 호칭을 자연스럽게 쓸 수만 있다면 그 사람은 비즈니스맨으로 자부할 수 있다.

(1) 자기 개인을 가리키는 말(1인칭)

비즈니스 현장에서 자기 자신을 가리키는 말은 남녀를 구분하지 않고 「わたくし」 또는 「わたし」라는 말이 기본이다. 「ぼく」라는 말

은 친한 사이라면 몰라도 윗사람이나 또는 외부사람과 말할 때, 이밖에 회의 같은 격식을 차려야 할 장소에서는 사용하지 않는 것이 좋다.

복수형으로는 「わたくしども」 또는 「手前ども」라고 표현한다. 상용 목적으로 글을 쓸 때 자기를 겸손하게 낮추는 말로는 「小生」 또는 「不肖」라는 말을 사용한다.

(2) 자기 쪽 단체를 가리키는 말

상대방 회사는 「貴社」 또는 「御社」라고 말하지만 자기 회사를 가리킬 때는 「当社」 또는 「小社」, 「我が社」라는 말을 사용한다. 문장어로 표현할 때는 「弊社」라는 말을 주로 사용하고 「わたくしども」 또는 「手前ども」라는 말도 사용한다.

⊙ 「会社」 등을 겸손한 말로 표현하려면 「当」 자를 앞에 붙인다고 생각하면 틀림없다

商店 → 当店, 銀行 → 当行, 工場 → 当工場, 組合 → 当組合, 団體 → 当会, 官庁 → 当庁 (「弊」 자를 붙이면 「当」 자보다 더 정중한 표현이 된다.)

비즈니스에서의 경어와 경칭

최근 비즈니스 사회에서 연공서열은 점점 무너져가고 있지만 상하관계는 의외로 시끄럽다. 서열에 조심하여 올바른 경어와 경칭 사용법을 익혀 두어야 한다.

1. 손위 임직원을 부르는 방법

社長, 支店長, 局長, 部長, 課長 등 직무명은 경칭이므로 임직원은 직무명만 붙여서 불러도 그것으로 경의는 다 표현된 것이다. 예로 「小林部長」 또는 「高橋課長」라고 불러도 결례가 아니다. 우리나라는 사장님, 부장님, 과장님 하고 직무명 뒤에 '님'자 경칭을 또 붙이는 습관이 있어 이를 직역하여 「社長さん」 또는 「課長さん」이라고 하는데, 일본에서는 이름 뒤에 직함만 붙여도 경칭이 된다. 따라서 외부사람과 대화할 때 자기 회사 상사의 호칭은 위와 같이 「社長さん」 또는 「課長さん」이라 하지 않고 직함을 먼저 말한 뒤 이름을 붙여 겸양어로 말하여야 한다. 예를 들어 「社長のキム」 또는 「課長の前田」라는 식으로 말한다.

2. 임직원 상호간에 경어를 사용하는 방법

1) 상급간부의 말을 직속상사에게 전할 때
사장의 말을 과장에게 전할 때는 사장과 과장의 상하관계는 그대로 존중하고 과장에 대한 경의는 정중어로 표현한다. 예를 들어 「課長に来るように伝えてくれ」라고 사장이 말하였을 때 「課長, 社長がお呼びです」라고 과장에게 말하면 된다.

2) 직속상사의 말을 상급간부에게 전할 때
예로 과장의 말을 전무 등에 전하는 경우, 과장과 전무의 관계는

그대로 존중하여「君が持って行ってくれ」라고 과장이 말하면「書類を持ってきました」라고 과장의 말을 그대로 전무에게 전하는 것은 실례가 되므로「課長から専務のところへ持参するよう指示されました」라고 말하여야 한다.

3) 외부사람에게 자기 상사에 관한 사항을 전할 때

외부사람을 대하는 경우는 자기보다 연하인 사람이라도 격식을 차려야 할 곳에서는 경어를 사용하여야 한다. 그러나 외부사람에게 자기 회사 사람에 관한 사항을 말할 때는 아무리 직급이 높은 상사라도 내편 사람이므로 경칭인 직무명은 붙이지 않고 이름만 부른다. 직무명을 확실히 할 필요가 있을 때는「部長の小林が」또는「課長の高橋が」라고 말하든지 직무명만 부르도록 한다. 예로「課長の高橋は、ただ今、出かけております」라고 하면 된다.「高橋課長は…」라든가「小林部長は…」라고 말하면 자기 쪽 사람을 경칭으로 부르는 것이 되므로 결례다.

상대방의 임직원을 부를 때는 이름 뒤에 직무명을 붙여 경의를 나타내지만 자기 회사 임직원은 이름 앞에 직무명을 붙여 겸손을 나타내는 것이다.

○ 社長がお会いしたいと申しておりました

× 社長さんがお会いしたいとおっしゃっていました

단, 상대방이 외부인이라도 찾는 사람 가족인 때는 경어를 쓰도록 한다.

4) 다른 회사 임직원에 대한 경칭

자기 회사가 아닌 다른 회사 임직원을 부를 때「高橋課長様」와 같이「성+직무명+様」형식으로 부르는 것이 보통이다. 회사 이름을 부를 때「東京商事様」와 같이 회사 이름 뒤에도「様」를 붙여 말하는 사람들이 많다.

정중어와 미화어

상대방에게 말을 정중히 하여 공손하게 경의를 나타내는 말이 정중어다. 일본어로는 丁寧語라고 말하기도 한다. 비즈니스 대화에서 경어의 기본이 되는 말은 정중어다. 먼저 그 사용법을 알아보고 다음으로「ご」혹은「お」를 붙여 품위 있고 아름답게 구사하는 미화어 사용법을 알아보자.

1) 어미(語尾)로 경의를 나타내는 정중어

어미에「です」나「ます」또는「ございます」등을 붙여 정중어로 말하는 방법이다. 다음 예의 경어체와 최경어체가 정중어다. 직장에서는 일반적으로 경어체나 최경어체를 사용한다.

보통의 체		경어체		최경어체
書類がある	→	書類があります	→	書類がございます
私がする	→	私がします	→	私がいたします

2) 「ご」나 「お」를 붙여 쓰는 말

접두어인 「ご」나 「お」를 말머리에 붙여서 점잖고 다정한 말로 표현한다.

[점중어]

- 「ご」또는 「お」+형용사

　▷ お寒いですね ▷ お美しい絵ですね

- 「ご」나 「お」+ 형용동사

　▷ おにぎやかですね

[미화어]

- 「ご」또는 「お」+ 명사

이 형식은 상대방에게 직접 경의를 표하는 말은 아니고 말하는 사람 자신의 말을 정중하게 나타내기 위한 말이다. 주로 여성들 말에 많이 붙여 쓴다. 생략하고 싶으면 생략할 수도 있는 말이다.

「お箸」,「お水」,「お酒」,「お食事」,「お金」등

3) 「ご」또는 「お」를 붙이는 것이 관습으로 되어 있는 말

「おはよう」,「お辞儀」,「ごはん」,「おなか」,「お悔み」

「ご覧になる」,「ご苦労様」

4) 「ご」또는 「お」를 붙이지 않는 말

① 「お」로 시작하는 말　　　　応接間、大広間等

② 外來語　　　　　　　　　コピー、ワープロ、カップ 等

③ 公共施設　　　　　　　　公共會館, 圖書館, 學校等

④ 좋지 않은 뜻을 지닌 말　　　　泥棒、犯人、愚図等

⑤ 말이 긴 것　　　　　　　　　じゃがいも、ほうれんそう等

⑥ 일반적으로 붙이지 않는 밀　　　税金, 預金等

⑦ 자연이나 천연현상　　　　　　台風, 地震, 火山等

첨가형식의 존경어와 겸양어

경어 가운데 존경어와 겸양어를 올바르게 구분하지 못하는 경우
가 많다. 존경어와 겸양어의 혼돈이나 이중경어 사용 여부를 살펴서
경어의 올바른 사용법을 알아두도록 한다.

1) 첨가형식의 존경어
상대방의 동작이나 물건 등에 붙여 직접 상대방을 높이는 말이다.

(1)「れる」「られる」:「れる」「られる」를 동사 뒤에 붙여 존경을 표
시한다.
 - 専務が行かれました

이 형식은 수동태나 가능을 나타내는「られる」와 혼돈하기 쉬우므
로 주의하여야 한다. 앞에서 예시한「専務が行かれました」라는 말은
「専務が目的地に着くことができた」(可能)인지,「専務が出かけら
れた」(尊敬)인지 판단하기가 어렵다. 따라서 말하는 사람은 말을 바
꿔 말하거나 앞뒤말을 보완하여 혼돈이 일어나지 않도록 말을 하여

야 한다.

(2) お(ご) ~ になる(なさる)

이 형식은 (1)의 형식보다 경의 표현이 높다. (~)부분에는 기본적으로 동사연용형이 들어간다.

– 専務がお出掛けになる

아래의 말과 같이 (1)과 (2)를 동시에 사용하여서는 안 된다.

× 課長がお出かけになられる

(3) ~なさる

(2)의 お(ご)를 동반하지 않는 형태다.

– 専務が外出なさる

2) 「ご」 또는 「お」를 붙인 존경어

(1) 상대방 소지품에 소유자를 높이는 경우와 말하는 사람의 동작이 상대방에게 미치는 경우 존경하는 표현이다.

– お住まいを拝見させてください

(2) 형용사, 형용동사 등에 붙여 직접 상대방을 높이는 표현이다.

– 専務はこのところ、お忙しいようだ

3) 첨가형식의 겸양어

말하는 사람이 상대방보다 더 자기를 낮추는 말을 하면 상대적으로 상대방을 높이는 말이 된다.

① お(ご) ~ する　　　　　ご連絡します

② お(ご) ~ いたす　　　　お持ちいたします

③ お(ご) ~ 申し上げる　　　　ご遠慮申し上げます

④ ~ いたす　　　　　　　　出席いたします

⑤ いただく　　　　　　　　贈り物をいただく

4) 「ご」 또는 「お」를 붙인 겸양 표현

자기 일이나 자기 물건이라 하여도 상대방에 대한 일이라면 「ご」
또는 「お」를 붙이는 것이 관습으로 된 경우다.

– お客様にお返事を差し上げる

◉ 바꾸어 말할 수 있는 특수한 경어

존경어나 겸양어는 첨가형식이 아니고 다른 말로 바꾸어 말할 수
도 있다.

	정중어	존경어	겸양어
見る	見ます	ご覧になる、ご覧くださる,ご覧あそばす	拝見する
聞く	聞きます	お耳に入る	承る、伺う、拝聴する
言う	言います	おっしゃる	申しあげる
行く	行きます	いらっしゃる、お越しになる、おいでになる	まいる、伺う、あがる
来る	来ます	いらっしゃる、お越しになる,おいでになる、おみえになる	まいる
食べる	食べます	召し上がる、あがる	頂戴する、いただく
する	します	なさる、あそばす	いたす
いる	います	いらっしゃる、おいでになる	おる
知る	知ります	ご存じてある	存じあげる、存ずる

업무상 경어 활용

맞장구(あいづち)의 말과 그 타이밍

듣기 잘하는 사람은 맞장구도 잘 치는 사람이라고 한다. 맞장구란 듣고 있다는 증거도 되지만 맞장구에 정감이나 배려하는 마음을 섞어 넣으면 말하는 사람의 기분도 좋게 하는 것으로 이 맞장구에 관한 말과 타이밍을 알아보자.

1. 동의를 나타내는 맞장구

맞장구는 대화하는 사이에 짬을 내어주는 역할도 한다. 이야기하는 중간중간에 맞장구를 쳐주면 말하는 상대방도 이야기가 수월해진다. 일본 사람들은 자기가 말할 때 맞장구가 없으면 별로 흥미 없어

하는 것으로 생각하고 말을 중단하는 경우도 있다. 동의를 나타내는 맞장구란 상대방 눈을 바라보고 고개를 끄덕이면서 맞장구의 말을 넣어주면 좋다.

 - そうでしょう
 - それはよかったですね(それはよろしゅうございましたね)

　이밖에도「なるほど」라든가「いかにも」라는 말도 많이 사용하지만 윗사람에게 사용할 때는「なるほど…そうですか」라는 식으로 말하는 것이 좋다.

　맞장구치는 데 사용하는 말은 억양이나 말하는 방법에 따라 여러 의미로 표현되고 있어 편리한 말이기는 하지만, 같은 말만 계속 반복하면 듣고 싶은 마음이 없다는 것으로 오해할 수도 있는 말이다.「はい」나「ええ」를 바꾸어 사용하거나「はあ」또는「へえ」,「おやおや」와 같은 말도 기회를 보아 끼워 넣는 방법을 생각하여 보도록 한다. 또「おっしゃるとおりです」라는 말도 있지만 우리말로 표현하자면 "지당한 말씀입니다"라는 뜻으로 상대방을 지나치게 치켜세워 아첨하는 것같이 들리므로 윗사람에게는 너무 자주 사용하지 않는 것이 좋다. 이런 때「私も同じ意見です」라는 식으로 말하면 무난할 것이다.

　이와는 달리 소문에 오른 이야기거나 누군가를 비방하는 좋지 않은 내용의 이야기라면 부정적 맞장구나 동의의 맞장구를 피하고 가볍게 머리를 끄덕여 주거나「そうですか …」등으로 적당히 맞장구를 쳐주고 귀담아 듣지 않는 것이 현명한 방법이라 할 것이다.

2. 질문을 나타내는 맞장구

상대방 이야기를 더 발전시키기 위하여서는 이야기가 일단락되었을 때 질문의 맞장구 말을 넣으면 효과적이다. 질문한다는 것은 지금까지 이야기를 똑똑히 잘 들었다는 증거도 되는 것이다.

질문 맞장구 말의 예

- … とおっしゃいますと?
- それからどうなさいました?
- それはお困りになったでしょう?
- びっくりされましたでしょう?

이런 말을 사용할 때는 상대방 이야기에 맞추어 기뻐할 때는 즐겁게, 슬플 때는 조금 침울한 표정으로 항상 상대방과 공감하는 모습으로 말을 하여야 마음이 전달되는 것이다.

맞장구를 칠 때 주의할 사항

- 밝고 정중하게
- 가능한 한 긍정적인 표현으로
- 상대방의 얼굴을 잘 본다.
- 자기의 솔직한 의견도 넣는다.

들어서 즐거운 인사말과 칭찬의 말

인사말은 사과하는 말과 같이 말하는 사람보다 듣는 사람이 더 무겁게 받아들이는 경향이 있다. 따라서 사소한 친절에 대해서도 감사의 말을 잊지 않도록 하여야 한다. 감사의 마음을 전달하는 여러 가지 표현과 상대방을 기쁘게 하는 대수롭지 않은 칭찬의 말도 함께 알아보자.

1. 인사말

감사의 마음을 전하는 대표적인 말은 「ありがとう」지만 표현방법은 여러 가지가 있다. 상대방 또는 장소에 따라 어울리는 말을 고르는 것이 무엇보다 중요하다. 「ありがとうございました」라는 말은 누구나 언제든지 편리하게 쓰는 말이다. 그러나 「どうも」라는 말로 인사말을 끝내는 사람도 있는데, 윗사람에게는 실례의 말이다. 윗사람에게 진심으로 인사하거나 거래처에 인사를 할 때는 「心よりお礼申し上げます」라든가 「本当に感謝いたしております」라는 말로 사용하는 것이 좋다. 이런 말은 문장어로도 자주 쓰인다.

이밖에 「おかげさまで、助かりました」라든지 「誠に、お世話になりました」, 「ご配慮いただきました」, 「いつもごひいきにあずかっております」라는 말과 같이 구체적으로 감사 내용을 담으면 상대방에게 감정이 더 빨리 전달될 것이다. 「恐れ入ります」나 「恐縮です」라는 표현은 방문한 곳에서 접대를 잘 받았거나, 먼저 길을 비켜 주어

양보받았을 경우처럼 상대방에게 사소한 수고 또는 걱정을 끼쳤을 때 표현하는 인사말이다.

2. 칭찬하는 말

「ありがとう」라는 말은 인사말인 동시에 칭찬하는 말의 역할도 한다. 「うれしい! ありがとう!」라고 하면 즉시 기쁨이 전달되어 듣는 사람 모두 「よかった」라고 즐거워할 것이다. 숙련된 칭찬의 말은 상대방을 즐겁게 하지만 목표에 빗나간 칭찬이나 말을 잘못 선택하면 오히려 눈살을 찌푸리게 만들기도 한다. 특히 윗사람에게는 신중하게 칭찬의 말을 선택하여야 할 것이다. 「よくできていますね」라든가 「これは苦心の作ですね」 또는 「本当に、見事ですね」와 같은 말로 표현하면 무난할 것이다.

3. 무엇인가를 부탁하는 말

무엇인가 부탁할 때는 승낙을 바라는 마음이 전제될 것이다. 호의적인 부탁 방법을 ① 서론 이야기, ② 부탁의 말, ③ 인사말 순서로 설명하고자 한다.

① **서론 이야기** : 이쪽 사정으로 상대방의 시간을 뺏는 셈이 되므로 타이밍을 상의하여 먼저 사죄의 말부터 시작한다.

- 申し訳ありませんが
- お手数をおかけしますが
- 恐れ入りますが 등

위와 같은 말로 시작하면 상대방도 불쾌감을 갖지 않게 되어 부탁하려는 말이 무엇인지 들으려는 자세가 확립된다.

② **부탁의 말** : 간단한 부탁의 말일 때는 서론 다음에 즉시 부탁의 말로 이어질 수 있지만, 교섭하여야 한다든지 승낙받기가 어려울 것으로 예견될 때는 좀처럼 부탁 내용을 꺼내기가 쉬운 것은 아니다. 이런 때는 다음과 같은 말을 기억해 두고 부탁의 말을 할 때 덧붙이면 도움이 될 것이다.

- 少々、お力を貸していただきたいのですが
- じつは、お願いしたいことがございまして
- 無理を承知でお願いもうしあげますが 등

또 상대방 입장과 다른 말투로 확실하게 말한 뒤 바라는 내용을 또바기 전하는 방법도 있다.

- (許可を)いただけますか
- (採用)願えますか
- (説明を)していただくとありがたいのです 등

이밖에 「~していただけませんか」라는 말도 있지만 어미(語尾)가 부정어인 까닭에 이런 말로 부탁하면 상대방으로부터 거절당하기 쉬우므로 주의할 필요가 있다. 또 「~してください」라는 말은 정중한 말이지만 명령조가 되어 윗사람에게는 쓰지 않는 것이 좋다. 「(回覧を)ご覧ください」과 같이 존경 표현을 하는 것이 적절하다.

③ **인사의 말** : 승낙의 답변을 받았으면 「ありがとうございます」라든가 「よろしくお願いします」와 같이 감사의 마음을 전하는 인사는 잊지 말아야 한다. 예로 "NO"라는 말을 들었다 하여도 냉정하게 「失礼いたしました」 또는 「ご無理を申しまして」 등의 인사말로 마무리 지으면 상대방에게 성의가 전달되어 다음에는 연결될지도 모른다.

4. 모가 나지 않게 거절하는 말

부득이 거절하여야 할 경우에는 상대방 체면을 손상시키거나 화나게 하지 않고, 또 이로 인하여 거래관계가 훼손되지 않도록 하는 거절방법을 알아보자.
① 서론 이야기, ② 거절하는 이야기, ③ Follow의 말 순서로 설명하겠다.

① **서론 이야기** : 「いずれそのうちに…」나 「考えておきます」는 보기 좋은 거절의 말이지만, 상대방에게 불필요한 기대를 갖게 할 수도

있는 말이다. 훌륭한 거절 방법이란 이쪽 사정을 확실히 이야기하고 받아들일 수 없는 용건은 솔직하게 사과하는 것이다. 상대방의 기분을 배려하여 먼저 사죄의 말부터 시작한다.

예를 들어 「誠に残念ですが」 「せっかくですが」 「たいへん、申し訳ございませんが」 「お心にかけていただいてありがたいのですが」 등과 같은 말로 시작하면 무난할 것이다.

② **거절하는 이야기** : 거절하는 사유를 말하지 않으면 상대방도 납득하지 못할 것이다. 거절 사유를 대충 알리고 슬며시 말을 골라 거절한다. 부정문을 긍정문으로 바꾸어 말하는 경우도 상대방에게 상처를 주지 않는 좋은 방법이다.

예를 들어 「いたしかねます」, 「わかりかねます」와 같이 「かねる」를 붙여 긍정문으로 이야기하면 「できません」 또는 「わかりません」 처럼 부정적인 말로 하는 것보다 좀 부드러운 말이 된다. 상황별로 거절하는 말 몇 가지를 소개하면,

[단골손님이나 거래처의 의뢰를 거절하는 경우]

- 私(ども)の手には余ります。どうか、ご勘弁ください。
- … のため、ご期待に添いかねます。
- … ということで、今回は見送らせいただきます。
- そのお話は、ちょっと気が進みかねます。その理由は…

[급한 잔업을 거절하는 경우]

- 予定がありますので、失礼させていただきます。

[주문하는 물건이 없는 경우]

- 在庫切れのため、あしからずご了承ください。

[모임 등에 초청을 받았을 경우]

- 体調が悪いので、ご一緒できません。

[선물 따위를 거절하는 경우]

- 受け取る訳にはまいりませんのでお持ちだけ頂戴いたします。

③ Follow의 말 : 이후 관계에 영향이 없도록 다음과 같은 말을 붙여 마무리한다.

- また次の機会ではいかがでしょうか。
- 別の面でお力になれるのでしたら、よろしくお願いいたします。

5. 진심이 담긴 사과 표현

여러 가지 사과의 말을 익혔다가 사과할 일이 생겼을 때 가장 어울리는 관용구를 선택하여 재빨리 인용하면 진심어린 사과 표현이 된다. 기분을 상하지 않게 하는 사과의 말 몇 가지를 소개한다.

1) 정중한 사과의 말

「すみません」은 사과하는 데 편리한 말이기는 하지만 손님으로부터의 불평에도 「すみません」, 말하는 도중에 끼어들 때도 「すみません」, 선배로부터 조언을 들었을 때도 「すみません」, 「すみません」이라는 말만으로 손쉽게 사과한다는 것은 부적절한 표현이다. 다른 말을 모르면 할 수 없지만 「すみません」이나 「ごめんなさい」라는 말은 정중하게 사과할 때 또는 윗사람에게 말할 때는 다음과 같이 말한다.

우선 손님에게 사과할 때는 「申し訳ありません」이라 하고, 말하는 도중에 끼어들 때는 「お話し中、失礼します」, 선배로부터 조언을 들었을 때는 「ありがとうございます」와 같이 그때그때 적절한 말을 사용하여야만 진실한 마음이 전해지는 것이다. 손님이나 거래처에서 클레임이 발생하였거나 또 사업상 잘못을 저질러 사죄할 때는 최대 경의를 표하고 가능한 한 구체적인 말을 골라 사죄하도록 한다. 상황별 예를 들면,

- (不注意で)申し訳ございません
- (不手際を)お詫び申し上げます。
- (不始末を)お許しください
- (不行き届きで)失礼いたしました
- ご迷惑をおかけいたします
- 不徳のいたすところでございます
- ご無礼いたしました

2) Follow의 말

위와 같은 사과 말에 다음과 같은 관용구를 붙이면 신뢰관계를 파괴하지 않고 다시 회복하고 싶다는 강한 의지가 전해지는 것이다.

- 今後十分注意いたします。
- 二度とこのような失敗がないように気を付けます。
- 親切にご注意頂きましてありがとうございます。
- 今後ともよろしくお願いいたします。

사과할 때 가장 중요한 것은 사과하는 태도다. 노려보는 눈초리로 거칠게 말을 하면 진심어린 마음이 전달되지 않는다. 상대방의 눈을 부드럽게 바라본 후 깊이 머리 숙여 인사하면서 정성들여 천천히 말을 한다.

⊙ 인간이란 잘못이나 실패는 있기 마련이다. 중요한 것은 실패하면 바로 사과하는 것이다. 기회를 잃어버리면 두고두고 후회하게 될 것이다. 즉시 진심으로, 정중한 사죄가 바람직하다. 필요한 경우에는 상사와 함께 반복하여 찾아가면 상대방 마음도 풀리게 될 것이다.

[틀리기 쉬운 경어의 예]

다음은 틀린 경어를 사용한 예다. 올바른 표현으로 외워두자.

× あなたは誰ですか

☞ ○ 失礼ですが、どちら様でしょうか

× 誰に用ですか

☞ ○ どの者をお呼びしましょうか

　　× あっちの受付で聞いてください

☞ ○ あちらの受付でお尋ねになってく ださい

　　× お客様、ご予約いたしましょうか

☞ ○ お客様、ご予約なさいますか

　　× そちらの方をご紹介してください

☞ ○ そちらの方をご紹介くださいますか

　　× お客様をお連れしてあがりました

☞ ○ お客様をご案内しました

　　× 社長が出張に参りますので、手配をしてください

☞ ○ 社長が出張に行かれますので手配をしてください

　　× 専務がお作りになられました資料です

☞ ○ 専務がお作りになった資料です

　　× 社長は今日の会議にご出席されますか

☞ ○ 社長は今日の会議に出席なさいますか

　　× お荷物をお持ちになりましょうか

☞ ○ お荷物をお持ちしましょうか

　　× 課長は出張なさっていらっしゃいますが、どうしますか

☞ ○ 課長は出張いたしておりますが、いかがなさいますか

6. 무엇인가를 물어볼 때

무엇인가를 물어보는 상황으로 질문, 상담, 확인 등을 들 수 있다. 어느 것이나 다른 사람에게 의견 혹은 생각을 요구하는 일이다. 경어 사용에 들어가기 전 분위기를 부드럽게 하는 서론을 알아보자.

1) 말할 때 서론
무엇을 물어본다는 것은 이쪽 사정에 의하여 상대방의 시간과 지혜를 빌린다는 것으로 기분 좋게 답변을 듣기 위하여서는,

(1) 상대방의 사정이 어떤지를 우선 듣는다.

작업 중에 질문할 때는 먼저 시간을 빼앗아서 미안하다는 말과 지금 답변을 들을 수 있는 시간적 여유가 있는지를 물어본다. 특히 윗사람이거나 거래처 사람일 때는 항상 정중한 마음가짐을 하여야 한다.

- すみません、お手間をかけますが、ちょっとよろしいですか

- しつれいします、課長、今、お時間よろしいですか

(2) 이제부터 물어보려는 것을 먼저 말한다.

물어보려는 것을 먼저 말하면 상대방도 마음의 준비가 되므로 답변도 알기 쉽게 돌아온다. 효과적이고 상대방에 대하여도 친절한 질문방법이다.

윗사람에게는 「いただく」나 「ご~申しあげる」 등의 겸양어로 말하여야 한다.

- 教えていただけるとありがたいのですが

- ご相談してもよろしいですか

- ご確認いただきたいのですが

겸양어를 사용함에 있어서 틀리기 쉬운 표현으로「ご確認してい
ただきたい」또는「お(ご)~してください(~していただく)」와 같은 말
투는 잘못된 것이므로 주의하여야 한다.

2) 물어보는 말

말할 때 서론에 이어 물어보는 본론의 말로는「~の件について」와
같이 물어볼 것이 무엇인가를 먼저 이야기하도록 한다. 질문할 때는
「いつですか」처럼 막연한 형식으로 질문하지 말고「上旬とは、10日
までてすか」와 같이 구체적으로 질문함에 따라 설명하는 사람도 의
문점을 명확히 파악하게 되는 것이다.

(1) 질문 예

- ~の件について、ご存じでしょうか

- 書類についてですが、3ページのグラフはどうみるのですか

(2) 상담 예

- ~のような対応でよろしいですか

- ~か~か、どちらを選択すべきか迷っています

(3) 확인 예

- この文書は、ご覧になりましたか

- 確認させていただきますと、明日までに提出するのですね

7. 무엇인가를 알려줄 때

의사소통이 좋은 회사는 보고, 연락, 상의 기능이 잘 이루어지는 회사다. 회사업무를 활성화하면서 중요 보고와 연락을 하는 데 적정한 표현방법을 알아보도록 한다.

1) 연락

'연락'이나 '보고'는 모두 물어볼 때와 마찬가지로 우선 상대방의 사정을 듣고 「お伝えしたい用件があります」라든가 「ご報告したい用件があります」와 같은 말로 먼저 상대방에게 마음의 준비를 하도록 촉구한다. 상대방이 이미 알고 있는지 어떤지를 알 수 없을 때는 「すでにご存じかもしれませんが」 또는 「お聞きおよびかもしれませんが」 등의 말로 상대방을 타진한 뒤 본론으로 들어가 처음에는 인상적인 말부터 시작한다.

예를 들어 「午後三時に山本様から電話がありました。折り返し電話をお願いいたします」와 같이 말하면 무난할 것이다. 연락은 말로 전하는 경우가 많으므로 말로 전할 때는 경어 사용에 항상 주의하여야 한다. 전하는 말의 예로 「課長からの伝言を皆さんにお伝えいたします」라고 하였을 때 「お~する」의 표현은 말을 전하는 행위가 자기행위이므로 겸양 표현을 한 것이다.

또 다른 예로 「藤原さんが午後、部長に報告すると言っておりました」라는 말 가운데 「言っておりました」라는 말은 「申しておりました」라는 말로 바꿔 말할 수도 있다. 동료인 「藤原さん」으로부터 윗사람에게 말을 전해 달라는 부탁을 받고 동료를 대신하여 전하는 것이므로 부장에게는 자기를 낮추어 겸양어로 말하여야 한다. 「林課長、部長がお呼びになっていらっしゃいます」처럼 말할 때는 과장에게도 부장에게도 존경어를 사용하여야 한다. 「部長がお呼びです」라고 말하여도 틀린 말은 아니지만 「お呼びになっていらっしゃいます」보다는 존경도가 낮다고 할 수 있다.

2) 보고

보고는 – 결론, – 설명, – 의견 순서로 전하는 것이 보통이다. 보고 내용이 복잡하거나 시간이 소요되는 경우에는 별도로 자료를 만들어 알기 쉽고 정중하게 설명하도록 유의하여야 한다.

예를 들어 「○○の件、ご報告します。市場調査では、受け入れられるようです。 この資料をご覧ください」라는 식이다. 「ご覧ください」라는 말은 「ご覧いただけますか」라는 말로 바꿔 말하면 더 경의를 나타내는 말이 되는 것이다. 보고할 때는 말끝을 확실하게 하는 것이 중요하다.

- 존재한다는 말　　　　　　～います
- 단정, 지정하는 말　　　　～です, ～ます
- 강력한 단정의 말　　　　～に違いありません、～はずです
- 추정의 말　　　　　　　　～のようです
- 예상의 말　　　　　　　　～でしょう、～かもしれません
- 들은 말을 전하는 표현　　～そうです、～ということです

8. 무엇인가를 대답할 때

윗사람으로부터 질문이나 지시, 명령을 받았을 때 가만히 있으면
내 말을 이해했는지 안했는지 상대방은 불안을 느끼게 될 것이다. 어
떤 응답을 하여야 좋은지 경어 사용 방법을 알아보자.

1) 긍정
윗사람으로부터 지시나 명령을 받았을 때, 간단하게 「わかりまし
た」라고만 대답하면 이야기 내용을 '알았다'는 것인지, '받아들인다'
고 하는 것인지 혼동하기 쉬운 애매한 표현이다. 윗사람에게 대답하
는 방식으로는 약간 유치한 답변 방식이다. 정확한 경어로 대답을 하
여야 한다.

(1) 받아들인다고 할 때의 대답
- かしこまりました
- 承知いたしました
- 承りました

(2) 동의할 때의 대답
- さようでございます
- ごもっともでございます

(3) 알고 있다고 할 때의 대답
- 存じております
- 存じあげております

2) 부정

(1) 거절하거나 사양할 때

지시나 명령을 거절하거나 사양할 때는 먼저 사죄하는 말을 한 다음 그 이유를 말하여야 한다.

- 恐縮ですが、いたしかねます。もう少しお時間をいただけますと可能です

⊙「恐縮ですが」는 「申し訳ありませんが」 등으로 바꿔 말하여도 상관 없다.

(2) 알지 못할 때

사양할 때와 마찬가지로 알지 못할 때도 간단하게 「わかりません」이라고 말하면 냉정한 느낌이 든다. 거기에 「かねる」라는 말을 붙여 긍정적인 표현으로 하는 것이 좋다.

- わかりかねます(できかねます)
- 存じます

3) 보류

확실하지 않을 때 알지 못하는 부분을 어물어물 넘기거나 적당히 무책임한 대답을 하여서는 안 된다. 자기 능력에 힘겨운 경우는 정직하게 그 뜻을 전하도록 한다.

- 恐れ入ります。社内で協議をした上、ご連絡いたします
- 私には判断いたしかねますので、上司と相談の上、お返事申しあげます
- 申し訳ございませんが、少々考えさせてください

[대답할 때의 요령]

– 명랑하고 기운차게 대답한다.

- 확인을 소홀히 하지 않는다.

– 불명한 것은 질문을 한다.

경어 상식 모음
– 모르면 창피당하는 일본말 경어 상식 –

경어 공략 포인트는 겸양어

일본어 경어는 존경어, 겸양어, 정중어 세 종류가 있다. 학자에 따라서는 정중어를 정녕어(丁寧語)와 미화어(美化語)로 구분하는 사람도 있지만 젊은 사람들을 괴롭히는 것은 존경어와 겸양어의 구별이다. 특히 문제가 되는 경어는 겸양어라고 하는데, 겸양어를 마스터하면 경어 기초는 다 되었다고 할 정도다. 이들 중 존경어는 상대방이나 상대방 쪽 사람을 존경하고 높여 주는 말이고, 겸양어는 자기나 자기 편 사람을 낮추어서 상대방을 높여 주는 말이다.

어쨌든 경어는 상대방을 높여 주기 위한 말이지만 이 존경어와 겸양어 관계는 '시소'와 같다. 지금 시소 양쪽 끝에 상대방과 내가 타고 정확히 수평을 유지한 상태라면 자기와 상대방의 몸무게가 같아 두

사람이 움직이지만 않으면 언제까지나 수평상태일 것이다. 이 균형을 깨고 자기가 아래로 가서 상대방을 위로 올리려면 두 가지 방법이 있다. 하나는 상대방이 입고 있는 옷을 벗겨 상대방 몸무게를 자기보다 가볍게 하는 방법이고, 두 번째는 자기가 옷을 더 껴입거나 호주머니에 돌 따위를 넣어서 자기 몸무게를 상대방보다 무겁게 하는 방법이다.

이와 같이 상대방을 높여 주기 위하여서는 상대방이 위로 올라가느냐, 아니면 자기가 아래로 내려가느냐 하는 문제가 제기된다. 말로 상대방을 높여 주는 역할을 하는 것이 존경어이고, 자기를 낮추어 주는 역할을 하는 것이 겸양어인 것이다.

겸양어를 상대방에게 사용하면 결례가 된다

경어에서 제일 많이 잘못 사용하는 말이 겸양어를 상대방에게 사용하는 경우다. 예를 들면「課長が申されたように、書類をコピ—してきました」,「A社のキムさんが参られました」 등과 같이 겸양어의 잘못된 사용을 가끔 볼 수 있다.「申す」는「言う」의 겸양어이고,「参る」는「来る」의 겸양어인 것으로 앞에서 예시한 말을 '시소'의 예로 말하면 '課長'이나 'A社의 キムさん'은 아래로 내린 꼴이 되고 오히려 말하는 자기는 위로 올린 형식이 된 것이다. 자기가 상대방보다 높은 지위에 있으면 몰라도 이렇게 말하면 상대방 체면은 말이 아닐 것이다.

상대방을 위로 높여 주기 위하여서는「課長がおっしゃったように、書類をコピーしてきました」라고 말하거나「A社のキムさんがいらっしゃいました」라는 말과 같이「言う」의 존경어는「おっしゃる」를,「来る」의 존경어는「いらっしゃる」를 각각 사용하여 말하지 않으면 안 된다. 이와 같이 겸양어의 잘못 사용이 많다는 것은 첫째로 자기를 낮추어 겸손하게 말한다는 것이 요즘 젊은이들에게는 별로 반응되지 않는다는 것이 겸양어와 존경어 구별을 어렵게 하는지도 모른다.

특히 경어에 익숙지 못한 사람은「申す」나「参る」라는 말은 보통 쓰지 않는 말이므로 무턱대고 상대방을 존경하는 말로 생각하고 사용하는 사람도 있을 것이다. 겸양 또는 겸손이란 말은 자기는 낮춰 주고 상대방은 높여 주는 것을 뜻한다. 요즘 신분의 상하관계는 옛날과 다르다고 하지만 아직도 경어는 겸양어 형태로 남아 있다. 이 겸양어를 착실하게 사용할 수 있느냐 하는 것이 경어 사용의 승패를 좌우하는 갈림길이 될 것이라고 생각된다.

경어를 사용해도
난폭한 말이 섞여 있으면 아무 소용 없다

정중어는 존경어나 겸양어와 달리 특별히 상대방을 높여 주거나 자기를 낮춰 주는 역할을 하는 것은 아니고 다만 말을 정중히 하는 것만으로 상대방에게 경의를 나타내는 것이다. 예를 들면 집에서는 파자마나 슬리퍼만 걸치고 지내는 사람이 윗사람을 만나거나 회사에 출근할 때는 신사복 차림과 구두를 신고 가는 것과 같다. 또 결혼식 등에 참석할 때는 단정한 예복차림과 신발도 좋은 것으로 신을 것이다.

이와 같이 시간(Time)과 장소(Place) 및 상황(Occasion) (약하여 T, P, O라고 함)에 의하여 복장을 바꾸는 것도 상대방에게 경의를 나타내기 위하는 것이라 할 수 있다. 즉 복장을 단정히 함으로써 윗사람이나 비즈니스 상대방 또는 신랑신부와 그 가족 등 여러 사람에게 경의를 나타내는 것이다.

이러한 경의 표현을 말로 할 때는 정중어가 된다. 예로「課長が探していらっしゃった書類は、ここにあるよ」또는「課長、この書類を見ていただけるかな」와 같이 젊은 직원이 말하였다면 이는 우스운 일이 될 것이다. 존경어나 겸양어 사용법은 틀리지 않았다 하지만「あるよ」나「見ていただけるかな」등 거친 표현의 경어를 쓴다는 것은 모처럼 경어를 쓴다 해도 헛수고가 되는 것이다. 이런 말은「ここにあります」라든가「ここにございます」또는「見ていただけますか」라는 식으로 말하는 것이 무난하다.

이「です、ます」또는「ございます」가 정중어다. 결국 정중하게 말함으로써 상대방에 경의를 나타내는 것이 되는 것이다. 이 정중어를 사용할 때 자주 문제가 되는 것은「お」와「ご」의 문제다. 여자들은「お」를 잘 쓰지만 남자가「こちらのお部屋でお待ちください」라고 하면 여성적으로 들려 비즈니스에서는 잘 어울리지 않는다. 그러나「社長のお部屋」와 같이 상대방에게 소속되었거나 상대방에 관련된 것에 붙여진 것이라면 「お」는 존경어로 남자가 말하여도 이상할 것은 없고 오히려 필요한 「お」가 되는 것이므로 조금은 헷갈리기 쉬운 말이다.

경어는 장소에 따라서 바뀐다

1) 윗사람과 이야기할 때

젊은 사람들이 경어 때문에 고민하고 또 어렵다고 하는 것은, 이러한 존경어나 겸양어와 정중어의 구분도 그렇거니와 누구와 대화하느냐, 누구를 화제로 하느냐에 따라서 경어 사용법이 달라지기 때문이다. 그래서 이러한 관계를 간단한 예로 들어 설명하고자 한다. 우선 상대방과 자기 이외는 화제에 올리지 않고 직접 대화하는 경우다. 이때 상대방에 관한 것은 존경어로 말하고, 자기에 관한 것은 겸양어로 말하면 된다.

「お食事は、もうおすみになりましたか」,

「わたくしは、食事をすませて参りました」

이와 같이 말하면 된다. 아무리 사이가 좋은 동료라도 작업 중에 「わたくしは、食事をすませてきました」,「仕事を手伝ってくれませんか」와 같이 정중한 말을 사용하도록 한다.

2) 말하는 상대방보다 윗사람이 화제가 되었을 때

경어를 사용하는 것이 번거로운 것은 대화하는 사람 이외로 제3자

가 화제로 등장할 때다. 이 제3자가 상대방보다 더 높은 지위에 있는 경우로서, 예를 들면 과장과 말할 때 부장이나 사장 또는 고객에 대한 이야기가 등장하면 「課長、A社の方がいらっしゃいました」(尊敬) 라고 말하든가 「この書類を部長からお預かりしてきました」(謙譲) 와 같이 제3자에게도 경어를 사용할 필요가 있는 것이다.

그러나 과장이 부장으로부터 서류를 받았을 때 「課長が部長から お預かりしたのですか」라는 말은 부적절한 말이고, 이 말은 「部長か らお預かりになったのですか」와 같이 과장에게도 경어를 사용하여야 한다. 또 다른 예로 「待っていてくれと、課長に伝えてくれ」라고 부장이 말한 것을 「部長が、待っていてくれとおっしゃっていまし た」와 같이 직접 전하는 말로 이야기하는 것보다 「部長が、待ってほ しいとおっしゃっていました」(丁重)라든지, 「部長がお待ちになる ようにとおっしゃっていました」(尊敬)와 같이 말하는 것이 좋다.

3) 상사의 상사와 이야기할 때

그러면 부장이나 사장 등 직속 상사보다 더 위의 상사와 이야기하면서 자기 직속상관인 과장 이야기가 화제로 되었을 때는 어떻게 이야기할 것인가? 이때는 원칙적으로 과장에게 존경어를 붙이지 않는다. 예로 「課長はいるかね」라고 사장이 물었을 때 「はい、おります」 라고 대답하여도 상관은 없으나, 신입사원이나 여사원의 경우는 자기 상사인 과장에게 「おります」라고 하면 안 좋게 생각할 수도 있다. 이때는 「課長はいらっしゃいます」라고 과장에게 존경어를 사용하였다 해도 잘못 사용된 것으로 여기지는 않을 것이다.

사장도 자기 상사를 존경하는 젊은 직원을 보고 오히려 흐뭇하게 생각할지도 모른다. 말하는 사람과 화제의 인물, 상대방과 화제의 인물관계 등을 일괄적으로 말할 수는 없을 것이다. 이와는 달리「部長のご都合を聞いてきてくれないか」라고 과장이 말하였을 때는「部長のご都合をうかがってくるようにと、課長から申しつかってきました」와 같이 말하는 것이 적절한 표현이다.

4) 회사 밖의 사람과 이야기할 때

말하는 상대방이 회사 밖의 사람인 거래처 사람이나 손님이고 화제에 오른 제3자는 자기 상사인 경우, 이때는 자기 상사라 하여도 제3자에게 존경어를 붙이지 않는다. 회사 밖의 사람과 말할 때는 자기 회사 사람 모두는 자기 편 사람이니까 자기 사장이라 하여도 경칭을 생략하고 이름만 불러 상대방에게 겸손함을 나타내는 것이다.

예로「私共の社長のキムがこう申しておりましたが」또는「申し訳ございませんが、課長はいま席をはずしております」와 같이 말하는 것이다. 자기 회사 사장이나 과장이 가까이 있을 때 이름을 함부로 부른다는 것은 좋지 않을 것으로 느낄지 모르나, 회사 밖의 사람에게「課長さんは」라고 말하면 오히려 상사는 상식이 없는 것으로 여겨 좋지 않게 생각할지도 모른다.

5) 상사의 가족과 이야기할 때

회사 밖의 사람과 말할 때 자기 회사 사람에게는 경칭이나 존경어를 쓰지 않는다고 하지만 여기에도 예외는 있다. 그것은 자기 회사

사람의 가족이나 친한 친구들과 이야기할 때다. 예로 과장 가족의 전화를 받았을 때「課長は外出中で、間もなく戻る予定です」라고 말한다면 너무 퉁명스러운 느낌이 들 것이다. 전화한 사람이 가족인 때는「課長は外出されていて、まもなくお戻りになる予定です」와 같이 과장에게도 경어를 붙여야 한다.

신입사원이라면 상대방이 과장 가족인지 아닌지를 알 수 없으나, 그러나 거래처 사람이라면「朴課長はいらっしゃいますか」와 같이 존경어를 사용할 것이고, 과장 가족이라면「朴はおりますでしょうか」라고 경칭을 사용하지 않을 것이므로 상대방 말만 듣고서도 대략적으로 관계는 짐작할 수 있을 것이다. 특히 자기 부하라 하여도 부하 가족이 전화하였을 때는「朴さんは、いま席をはずしていらっしゃいますが」라고 정중한 말로 표현하는 것이 바람직한 예의라고 생각한다.

장문의 긴 말투가 정중함을 더한다

경어를 사용할 때 경어가 지나치게 많은가 또는 부족한가 하는 것도 문제가 된다. 예로「書かれる」,「お書きになる」,「お書きあそばす」라는 말은 어느 것이나「書く」의 존경 표현이지만「書かれる」는 가벼운 존경어이고,「お書きになる」는 그것보다 조금 더 정중한 느낌이 드는 존경어다. '시소'의 예와 같이「書かれる」보다는「お書きになる」라는 말이 한층 더 위로 올리는 꼴이 되는 것이다.

구체적인 예를 들면, 자기보다 1~2년밖에 안 되는 A씨 선배에 관한 이야기를 할 때「Aさんがお書きになった書類」와 같이 말하면 약간 지나친 정중감을 들게 하므로「Aさんが書かれた書類」와 같은 정도로 말하는 것이 적당한 표현이다. 손위 연배의 과장인 경우는「A課長がお書きになった書類」와 같이 표현하는 것이 적정하다. 이런 표현을「お書きあそばす」라고 하면 지나치게 정중한 표현으로 요즘은 거의 쓰지 않는 말이다.

겸양어에 있어서도「もらう」와 같은 뜻의「いただく」라든가「ちょうだいする」또는「賜る」라는 말을 비교해 볼 때 나열된 순서대로 겸손 정도가 강한 것으로 겸손하면 겸손할수록 정중도가 높아지는 것이다. 이와 같이 말의 뜻은 같아도 경의를 나타내는 정도가 다른 말이 있다면 잘 구분하여 사용하여야 한다.

보통 말하는 상대방이 같은 사람이라도 장소가 격식을 차려야 할 자리라면 정중한 말을 사용하는 것이 원칙이다. 손님 앞에서 과장에게 말할 때는 보통 때보다 정중한 말을 사용하여야 하고, 또 거물급 손님들을 초청하여 축하회 등을 마련한 자리라면 언어 사용도 거기에 알맞게 격식을 갖추어야 할 것이다.

보통 문장어에서는 말로 표현할 때보다 매우 정중한 편이다. 특히 거래처에 보내는 비즈니스 문서는「平素はご厚情を賜り、まことにありがたく、熱く御礼申しあげます」와 같이 대단히 정중한 말들로 이루어진다. 이러한 문서는 계속 남아 있게 되므로 상대방에게 정중함이 지나치다고 할 정도로 표현하는 것이 낫다고 생각하기 때문일 것이다.

말에 대한 경의 정도와 사용 방법에 대한 정중 정도의 측정기준을
알아보자.

1) 원형의 말을 다른 형태로 바꿔 표현하는 것이 정중도가 높다

예로「行く」는 조동사「れる·られる」를 붙여「行かれる」로 말하면
정중도가 높아진다. 또「行く」의 정중한 말로「いらっしゃる」라는 표
현도 있다.「れる·られる」라는 말은 동사에 붙여 존경어를 만들지만
「行かれる」와 같이 동사원형이 남는 것으로, 이보다는「いらっしゃ
る」와 같이 다른 형태로 말하는 것이 더 깊은 경의와 정중함을 나타
낸다.

2) 일본 고유의 和語보다 한문 투의 漢語로 말하면 격식 차린 느낌이 든다

일본 에도(江戸)시대 중기 풍자시 '川柳'에「失念と言えば立派な
物忘れ」라는 말이 있다.「忘れました」라는 것보다「失念」이라는 말
이 좀 더 무게 있게 들린다고 하듯이 같은 뜻의「拝聴する」와「お聞
きする」라는 말에 있어서도「拝聴する」는 漢語로 정중한 느낌을 주
고 위엄 있어 보이지만「お聞きする」는 和語로 부드럽게 들리는 말
투다. 일반적으로 漢語는 딱딱한 인상을 주어 여성에게는 어울리지
도 않고 또 사용하기가 어렵다는 면도 있다.

3) 장문의 긴 말로 표현하면 정중도가 높게 보인다

「行こう」,「行きます」,「行きましょう」라는 말은 모두 같은 뜻의

말이지만 나열된 순서대로 뒤로 갈수록 정중 정도는 높아진다.「以上をもちまして、簡単ではございますが、お祝いの言葉にかえさせていただきます」는 일본 사람들이 관용적으로 사용하는 인사말이지만 말을 짧게 하면 정중하게 느끼지 않는 것 같다. 상대방 의향을 묻는 말로「お願いします」와「お願いできますでしょうか」라는 말이 있는데 두 말을 비교하여 보면 뒤쪽의 말은 길지만「お願いします」라고 자기 희망을 짧게 이야기하는 말보다 훨씬 더 정중한 느낌이 든다.

4) 부정적인 말씨를 포함시키면 더 정중하게 들린다

「お願いします」와「お願いできますでしょうか」라는 말을「お願いできませんか」또는「お願いできませんでしょうか」라는 말로 바꿔 말할 수 있다. 이와 같이 긍정적인 말을 부정적인 말투로 바꿔 말하면 긍정적으로 표현하는 말보다 더 정중한 느낌을 주는 것이다. 상대방 의사를 묻는 것이라도「やってもらえるだろうか」라는 것보다「やってもらえないだろうか」라는 표현이 한층 더 공손한 말씨가 되기 때문이다. 또「一万円ほど」라는 불확실한 말씨로 이야기하면「一万円」이라고 확실히 말하는 것보다도 더 정중한 느낌을 준다.「私はこう思います」라고 잘라 말하는 것보다「私はこう思いますが …」라고 말을 도중에서 끊는 방법도 더 정중함을 느끼게 한다.

경어는 배운다는 것보다 익숙해지도록 하자

경어는 이밖에도 이중 경어의 실수 등 여러 가지 문제가 많지만, 사실 경어는 지나치게 문법적이거나 말하려는 것을 미리 생각하는 것보다 경어를 쓰고자 하는 마음가짐이 더 중요하다. 왜냐하면 아무리 경어를 정확하게 사용하였다고 하여도 반드시 상대방에게 경의를 표하였다고는 생각할 수 없기 때문이다.

예로 손님이 무엇인가를 물어보았을 때 「わかりません」이라는 대답은 바람직하지 않은 말이고, 「わかりかねます」와 같이 정중하게 말하도록 하는 회사들이 많다. 그러나 아무리 정중한 말을 사용한다 하여도 「さあ、わかりかねますが」라는 말만 하고 외면하는 것과 「すみません、ぼくにはわからないのですが、ちょっと待っていただけますか。今聞いてきますから」와 같이 말하였을 때 어느 쪽에 더 호감을 가질 것인지는 빤한 일이다.

진심이 어리지 않은 정중한 말 사용보다 상대방을 위하여 무엇인가 하고자 하는 마음가짐을 보이는 것이 상대방에게도 그 마음이 전달되는 것이다. 그러나 너무 정중한 경어를 사용하면 오히려 상대방을 바보 취급하거나 빈정대는 것으로 생각할 수 있으므로 주의하여야 한다. "경어를 잘 사용할 줄 모른다"는 젊은이들에게 한마디 권하고 싶은 말은 경어 사용을 두려워하지 말라는 것이다. 설사 실수를 해도 좋으니 많이 사용하라는 것이다.

물론 처음에는 잘못 말하기도 하고 웃기는 표현을 하는 일도 많을 것이나, 이러한 실수가 두려워 입을 다물고 있으면 경어는 늘지 않는다. 말이란 많은 지식이 머릿속에 쌓여 있어도 실제 말로 사용하지 않으면 그 지식은 자기 것이 되지 않는다. 이것은 다른 외국어를 배울 때도 마찬가지다. 우리가 많은 시간을 들여 영어를 배웠어도 영어가 전혀 입 밖으로 나오지 못하는 것 역시 지식만 머리에 담아 놓았을 뿐 실제로 사용하지 않은 까닭이다.

문법적으로는 우스꽝스러운 말투라도 말하는 사람이 상대방을 존경하고 소중하게 생각하는 마음으로 보인다면 그러한 실수는 대부분 이해해 줄 것이다. 따라서 실수를 두려워하지 말고 더욱 더 경어 사용에 최선을 다하도록 노력하자. 그러면 자연히 장소에 따라 경어 사용 구분도 몸에 익숙하게 될 것이다. 어찌되었든 경어 숙달의 지름길은 "배우는 것보다 익히라"는 말이 옳은 말인 것 같다.

존경어 상식

「れる, られる」부터 「ご足労」까지

1. 존경의 조동사 → 「れる, られる」

「課長、あのメモでわかられたでしょうか」

　일본어에는 「行く」 또는 「来る」의 동사를 「いらっしゃる」, 「うかが　う」와 같이 전혀 다른 형태로 바꿔 말할 수 있는 것이 있는가 하면, 원래의 동사에 규칙적으로 조동사를 붙여 경어로 사용하는 방법이 있다. 이런 말들은 조그마한 차이로 존경과 겸양으로 바꿔지기 쉬우므로 착오가 일어나지 않도록 주의하여야 한다.

　「カンさんは課長になられたそうですね」와 「今日、課長は風邪で休まれるそうです」라는 말에서 「れる, られる」는 존경의 조동사다. 「れる, られる」로 만든 말은 존경어지만 그러나 비교적 경의가 낮아 윗사람에게는 사용하지 않는 것이 좋다. 이 말은 「お~になる」라는 말과 비교할 때 약간 딱딱한 감이 들어 주로 문장어로 사용하는 것 같다. 이외 가능을 나타내는 「~できる」라는 말과 혼동하기 쉬운 문제점도 가지고 있다.

　예로 윗사람이 무엇을 물어볼 때 「カン課長は、A社へ行かれます」라고 말하였다면 강 과장이 "A사에 간다"는 것인지 "A사에 가는 것이 가능하다"는 것인지 구분하기가 어렵다. "가는 것이 가능하다"는 말은 실제로 가는지 어떤지 알 수 없으므로 오해를 초래할 수도 있다. 가능의 뜻으로 사용할 때는 「お~になる」라는 형식으로 바꿔 말하는 것이 무난하다. 또 「わかる」나 「みえる」와 같은 가능동사에는 「れる, られる」를 붙이지 않는다. 따라서 앞에서 예시한 「課長、あのメモでわかられたでしょうか」라는 말은 잘못된 표현임을 알 수 있다.

2.「する」의 존경어 →「される」

「部長がわたくしにお話しされました」

「される」는 「する」의 존경어로 가벼운 경의를 나타내는 말이다. 「提出する」, 「説明する」 등과 같이 「する」를 포함한 말은 대개 「される」로 바꿔 주면 간단하게 존경어가 된다. 상사 질문에 대한 대답으로 「A社への連絡は、課長がされるそうです」라는 말이나 윗사람에게 보고할 때 「課長が提案された議題を討論いたしました」라는 말은 회사 밖의 거래처 사람과 이야기할 때 무의식중에 자기 상사에게도 「される」를 붙여 말하는 경우가 있다. 다른 회사 사람과 이야기할 때 자기 회사 사람이 화제가 되면 설사 자기 상사라 하여도 경어를 사용하지 않는다.

앞에서 예시한 「部長がわたくしにお話しされました」라는 말은 비교적 많이 듣는 말로 잘못을 발견하기가 쉽지 않다. 이 말은 이중 경어로 되어 있어 매끄러운 표현은 되지 못한다. 「お話しされる」는

「お話し」의 「お」와 「される」의 경어가 이중으로 표현된 것이다. 이 말을 올바르게 표현하자면 「お話になる」라든가 「話される」라는 말로 하는 것이 적정하다. 「お話しされる」라는 말은 이중경어지만 「される」를 「する」로 고쳐 「お話しする」로 말한다면 겸양의 표현이 되므로 주의하여야 한다.

「される」를 사용하면서 또 하나 주의하여야 할 것은 이 말이 본래 「する」의 수동형이므로 수동형 「される」와 틀리기 쉽다. 예를 들어 「コピーされたのですか」라는 말은 복사한 상대방에게 경의를 표하는 말이지만, 주어가 없으면 "복제가 되었다"는 뜻으로 수동형이 되는 것이다.

3. 「お+동사연용형+になる」로 존경어를 만든다 → お出かけになる

「課長は、お出かけになられました」

존경을 표현하는 말로 「れる、られる」와 같이 사용하고 있는 「お~になる」라는 말이 있다. 「お+동사연용형+になる」라는 형식으로 예를 들면 「お飲みになる」, 「お待ちになる」, 「お帰りになる」처럼 사용되는 말이다. 「お~になる」라는 말은 보통 동사에 규칙적으로 붙여 사용하는 말로 회사 동료에게 물어볼 때 「課長は、もうお出かけになりましたか」라는 말처럼 눈앞에 없는 과장을 존경하여 「お出かけになる」라고 하는 경우와 「お急ぎになれば、まだ間に合うと思いま

す」라고 상대방 상사에게 존경어로 사용한「お急ぎになる」라는 말이 그 예다.

앞에서 예시한「課長は、お出かけになられました」라는 말은 무의식중에 쓰는 경우도 있지만, 이 말은「お出かけになる」라는 존경어와「れる」라는 존경어가 이중으로 들어간 것이다. 정답은「お出かけになりました」라든지「出かけられました」라고 표현하여야 한다.「お~になる」와「お~する」는 말투가 비슷하여 틀리기 쉬우므로 항상 주의하여야 한다.

예로「お書きになる」와「お書きする」라는 말의 경우「お書きになる」는 무엇을 쓰고 있는 상대방을 존경하는 표현인 데 반하여「お書きする」는 자기가 쓰는 것을 겸손하게 말하는 겸양 표현이다.「課長の書類をお書きする」라고 말하면 과장을 위하여 내가 글을 쓰는 것이고,「課長は、書類をお書きしている」라고 하면「お~する」라는 겸양 표현을 존경 표현으로 사용한 것이다. 이 말은「課長は、書類をお書きになっている」와 같이 하여야 올바른 표현이라고 할 수 있다.

4.「する」의 존경어 → なさる

「課長が指示したとおりに、先方へ連絡を入れておきました」

「どうなさいますか」 또는「課長が司会をなさいます」와 같은 말은 일본 사람조차도 회사에 들어오기 전에는 말해 본 적이 없다는 이들도 많다. 그렇지만 이「する」의 존경어「なさる」라는 말은 사용범위가 넓어 빨리 익혀야 할 말이다. 「説明する」, 「訪問する」, 「賛成する」와 같이 일본어에서는 「~する」라는 동사가 많지만 이 「~する」를 「~なさる」로 바꿔 말하면 대개 존경 표현이 된다.

상사에게 무엇을 물어볼 때 「今日の会議は、どうなさる予定でいらっしゃいますか」라고 하면 이 말은 「どうなさる」라는 존경 표현과 「いらっしゃいますか」라는 존경 표현으로 이중 존경 표현이 되지만, 그렇다고 하여 「どうする予定でいらっしゃいますか」라고 한다면 약간 불안정한 것으로 느껴지게 된다. 윗사람에게 보고할 때 「課長が指示なさったとおりに、先方へ連絡を入れておきました。先方もそのように準備なさるそうです」와 같이 말하게 되는 것은, 지시한 사람이 과장이므로 존경어를 사용 「指示なさった」라고 표현하게 된다. 이때 「指示されたとおりに」 또는 「課長のご指示のように」라는 말로 바꿔 말할 수도 있다.

앞에서 예시한 「課長が指示したとおりに、先方へ連絡を入れておきました」처럼 「指示したとおりに」라고 하면 결국 과장에게 경의를 표하지 않은 것으로 되어 결례가 된다. 모처럼 일을 착실히 수행하였다 하여도 이러한 말투로 보고하면 상사는 "확실하게 일을 해주었을까?" 하고 의심할지도 모른다. 더욱이 「~する」 형식의 동사 모두가 「~なさる」로 바꾼다 하여도 존경어가 된다고는 말할 수 없다.

5. 「呼ぶこと」의 존경어 → お呼び

「課長がお呼びしてますよ」

오래전 일본에서 유행한 개그 대사에 「お呼びでない、あっそう」라는 말이 있었는데, 「お呼び」란 말은 보통 윗사람이 아랫사람을 부를 때 쓰는 말이다. 보통 무슨 일이 있을 때 아랫사람이 윗사람 있는 곳으로 가는 것이 예법으로, 윗사람이 용무가 있을 때는 아랫사람을 부른다. 「課長、部長がお呼びです」라고 하면 부장이 과장을 부른다는 것을 전해 주는 것으로 과장의 상사인 부장에게 「お呼び」란 존경어를 사용한 것이다. 이러한 부름을 받고 상사가 있는 곳으로 갔을 때는 「部長、お呼びでございますか」라고 말할 것이다.

　또 사장으로부터 「A課長を呼んでくれ」라고 부장이 지시받았다면 「ではAを呼んできます」라고 말하여도 상관은 없지만, 평사원일 때는 「A課長をお呼びしてきます」 또는 「お呼びしてまいります」라고 과장에게도 경의를 나타내는 말을 사용하여야 한다.

　앞에서 예시한 「課長がお呼びしてますよ」라는 말은 「お呼びする」가 「お~する」의 겸양 표현인 것으로 과장을 겸손하게 만든 것으로 결례의 말이 된 것이다. 과장이 부르는 것을 계장에게 전할 때도 역시 「お呼びです」라든가 「お呼びになっています」라는 표현이 좋다. 보통 회사에서 부하가 상사를 부르는 일은 많지 않겠지만 회의할 때 아직 참석하지 않은 상사를 부르는 경우도 있다. 이런 때는 「A課長が、部長をお呼びしてくるようにとのことです」라는 식으로 말하면 무난할 것이다. 이 「お呼び」란 말을 더 정중하게 말하려면 「お召し」라는 말도 있지만 지금은 거의 사용하지 않는다.

6. 「行く」, 「来る」, 「いる」의 존경어 → いらっしゃる

「部長のバクがいらっしゃるまで、こちらでお待ちください」

「行く」, 「来る」는 인간의 기본적 행동의 하나로 경어 표현에도 여러 가지가 있다. 윗사람이나 방문한 손님 등을 존경하여 말하는 경우 몇 가지 형식이 있는데, 가장 간단한 방법으로는 기본 동사에 존경하는 조동사를 붙여 「行かれる」 또는 「来られる」와 같이 말한다. 그러나 이런 말은 경의가 적은 느낌도 들고 「行くことができる」라는 가능의 뜻도 있어 헷갈리기 쉬우므로 보통 「いらっしゃる」라는 말을 많이 사용한다.

윗사람에게 사정이 어떠냐고 물어볼 때 「部長、何時にA社へいらっしゃいますか」라고 말하면 부장이 간다는 말을 존경하는 것이고, 윗사람에게 보고할 때 「A社のバクさんが、十時にいらっしゃる予定です」라고 하면 「バクさん」이라는 손님이 온다는 것을 존경하는 말이다.

앞에서 예시한 「部長のバクがいらっしゃるまで、こちらでお待ちください」라는 말은 회사 밖의 손님에게 자기 회사 부장에 대해 「いらっしゃる」라는 존경어를 사용하였기 때문에 우스운 말이 된 것이다. 따라서 「部長のバクはただ今参りますので」라고 말하여야 올바른 표현이 된다. 다만 찾아온 상대방이 부장의 가족이거나 친구라면 「いらっしゃる」라는 존경어를 사용하여도 이상하지 않다. 이때는 「部長のバク」라고 하지 말고 「バク部長」라고 경칭을 붙여야 한다.

「いらっしゃる」라는 말은「居る」의 뜻도 있다. 예로 거래처를 방문하였을 때「鈴木課長は、いらっしゃいますか」라고 하면 鈴木課長이 있는가? 또는 없는기? 물이보는 말이 된다.「おります」는「います」보다 정중한 느낌은 들지만 약간 겸손한 느낌도 받게 된다. 그러므로 이런 점에서「いらっしゃいます」로 표현하는 것이 무난하다.

7.「(~して)いる」의 존경어 → いらっしゃる

「ご都合はどうでいらっしゃいますか」

「お宅様ではワープロを扱っていらっしゃいますか」 또는「はい、どのような機種をお探しでいらっしゃいますか」와 같이「(~して)いる」의 존경어「いらっしゃる」는 비즈니스 현장에서 많이 쓰는 경어 중 하나다. 이 말은 이미 설명한 바와 같이「居る」에서 온 말이지만 본래「いらっしゃる」는「いらせられる」라는 대단히 정중한 표현으로 많이 사용되는 표현이나, 사실 제대로 사용하는 사람은 그렇게 많은 것 같지 않다.

「ご機嫌いかがでいらっしゃいますか」라는 말을 예로 들면 이 말의 어디가 잘못되었느냐고 할지 모르나, 경어가 아닌 일반적 표현으로 바꿔 보면 이상한 말이 된다. 일반적인 표현으로 한다면「機嫌はどうでいるか」라고 하여야 하는데 이런 표현은 일본말에 없다.「機嫌はどうであるか」라고 할 때 존경어로 바꾸려면「ご機嫌いかがでございますか」라는 말이 된다. 앞에서 예시한「ご都合はどうでいらっ

しゃいますか」라는 말도 이와 같은 경우다. 다만「どうでございます
か」라고 말한다면 어쩐지 불안정한 말투로 느껴지므로「いかがでご
ざいますか」라고 말하는 것이 적절하다.

「お元気でいらっしゃいますか」라든가「どのようなご予定でいら
っしゃいますか」라는 말도 원래는「~でいる」라는 말로「いらっし
ゃる」라고 말하여도 상관없지만「いらっしゃる」와「ございます」는
상당히 혼동되는 말이다. 회사에서 손님을 접대할 때「失禮ですが、
木村さんでいらっしゃいますか」또는「木村様でございますか」와
같이 말을 한다. 이들 말 가운데 어느 말이 어울리느냐고 물어본다
면「いらっしゃる」쪽이 좋다. 어쨌든 자기 회사에 찾아온 손님에게
「しつれいですが、木村様ですか」와 같은 말투는 실례가 되는 표현
이므로 주의하여야 한다.

8.「来る」,「行く」,「いる」의 존경어 → おいでになる

「A商事からは、鈴木部長が来るそうです」

「来る」,「行く」의 똑같은 존경어라도「おいでになる」라고 말하면
「いらっしゃる」라는 말보다 더 정중하게 느낀다. 일반적으로 이와
같은 공손한 말을 사용할 기회도 없지만 상대방이 사회적 지위가 대
단히 높거나 격식을 차려야 할 장소라면 이런 표현을 하여야 할 기회
도 있을 것이다.

예로 윗사람에게 무엇을 전하고자 할 때「A社の鈴木様がおいで

になりました」라고 하는 말이나, 또 상사에게 질문할 때 「今日は、A社においでになるご予定でしょうか」라고 하는 말은 각각 「来る」와「行く」의 존경어를 사용한 예다. 상대방 회사 부장이 회사를 쉬거나 회사에 잘 나오지 않는다면 「会社に来ますか」라고 묻는 경우도 있겠으나, 이때도 「部長、明日の午後は社においでになりますか」와 같이 말하면 좋을 것이다.

앞에서 예시한 「A商事からは、鈴木部長が来るそうです」라는 말의 「来るそうです」는 전혀 경어 표현은 아니지만 그렇다고 하여 「おいでになられるそうです」라고 하면 이중 경어가 되므로 바람직스러운 말은 아니다. 「おいでになる」만으로도 훌륭한 존경어가 되므로 「れる」란 말은 사용 안하여도 좋다.

9.「来ること」,「行くこと」의 존경어 → お越しになる

「A商事からは、鈴木部長がお越しになられるそうです」

「本日は、当店にお越しいただきありがとうございました」라고 방송하는 말을 여러 백화점에서 많이 들었을 것이다. 백화점 등에서 방송하는 말은 모두 정중도가 지나칠 정도로 느껴진다. 「お越し」라는 말과 「お越しになる」라는 말은 「いらっしゃる」와 「おいでになる」보다도 더 정중한 말로 「お越しになる」라는 말은 요즘 잘 쓰지 않는다.

평사원이 사장과 이야기할 때 「A社の鈴木様がお越しになりまし

た」와 같이 말할 수도 있으나, 그때는 앞뒤 말이 「お越しになる」라는 말과 어울리도록 정중한 말을 사용하여야 한다. 앞에서 예시한 「A商事からは、鈴木部長がお越しになられるそうです」와 같은 말은 이중 경어를 사용한 표현이므로 잘못된 말이다.

10. 「来る」의 존경어 → おみえになる

「課長は、土曜日もおみえになられますか」

「来る」에는 「いらっしゃる」와 「おいでになる」와 같은 존경어가 있지만 「おみえになる」라는 말은 이보다 더 정중하고 존경도가 높은 말이다. 예로 「A社の鈴木様がお見えになりました」라는 말은 「いらっしゃいました」 또는 「おいでになりました」라는 말로 바꿔 말해도 괜찮지만 「お見えになりました」라는 말은 이보다 한층 더 정중한 표현이다.

거래처에 전화하여 「鈴木さんは、何時にお見えでしょうか」라고 물어볼 때 전화로 찾는 상대방이 자리에 없는 경우 전화 받는 사람에게 "언제 오느냐"고 다시 묻는 말인데, 이 「お見えでしょうか」라는 말 대신 「何時にいらっしゃいますか」라고 하거나 「何時ならお席にお戻りでしょうか」라는 말로 바꿔 말할 수도 있다. 앞에서 예시한 「課長は、土曜日もおみえになられますか」라는 말은 이중 경어로 되어 잘못된 것으로 많이 틀리기 쉬운 사용법이므로 주의하여야 한다. 이 말은 「お見えになりますか」와 같이 표현하면 무난할 것이다.

11. 「よそへ行くこと」의 존경어 → おでましになる

「社長は、お宅様のほうへおでましになりました」

「社長は、○○商事におでましになりました」또는「これから、ど
ちらへおでましですか」에서「おでましになる」라는 말은 경의를 지
극히 높인 표현으로 우리말로 번역하자면 사극 등에서나 나오는 "(상
감님이) 납신다"와 같은 말이다. 궁궐 안에서 사용하는 황실 용어로
일상생활에서는 사용하는 말이 아니다. 이런 경의가 높은 말을 잘못
사용하면 오히려 불쾌감만 줄 수도 있다.

예로 자기 부장이 외출했는지 안 했는지 여부를 동료에게「部長は
A社へおでましになったか」와 같은 말로 물어본다면 마치 부장이 없
는 것을 대단히 즐거워하는 것으로 들을 수도 있다. 또 앞에 예시한
「社長は、お宅様のほうへおでましになりました」라는 말도 다른 회
사 사람과 이야기하면서 자기 회사 사장에 대하여 이런 말을 사용하
였다면 상대방은 혹시 말을 실수였다 하여도 좋게 생각하지는 않을
것이다.

12. 「言う」의 존경어 → おっしゃる

「鈴木という人から電話です」

「おっしゃる」라는 말이「言う」의 존경어라는 것은 다 알고 있지

만 실제로 정확하게 잘 쓰느냐 하는 것은 다른 문제다. 학창시절 「先生が言った」라는 말투로 지낸 사람이라도 사회인이 되면 「おっしゃる」와 같은 기본적 경어는 자연스럽게 나올 수 있어야 한다.

「課長がおっしゃったことについてですが」는 과장의 말을 잘 모르거나 더 듣고 싶을 때 아랫사람이 과장 본인에게 직접 묻는 말이다. 이때 「課長が言ったこと」라고 말한다면 과장을 자기와 같은 급으로 취급하는 꼴이 된다. 이밖에 「課長が言われたこと」라는 표현도 있지만 이 말은 존경어 표현은 될지 몰라도 경의가 아주 낮은 말이므로 보통 「おっしゃる」라는 말이 무난하다.

또 「課長、鈴木様とおっしゃる方から電話です」와 같이 전화로 찾는 사람에게 전해 줄 때 「電話です」라고 간단하게 말하지 말고 누구한테서 온 전화라는 것을 알려줄 필요가 있다. 이때 「鈴木という人から電話です」라는 사람도 있지만 이런 말투는 난폭한 말로 느껴져 피하는 것이 좋다. 「鈴木(様)とおっしゃる方」와 같이 확실하게 말을 전하도록 해야 한다. 이때 전화 건 사람 이름 앞에 '様'를 붙이지 않아도 되지만 붙여도 상관은 없다. 또 찾아온 손님을 알려줄 때도 「鈴木様とおっしゃる方がお見えです」와 같이 말하면 더 좋다. 그러나 「鈴木様とおっしゃられる方」라고 표현한다면 「おっしゃる」에 「れる」가 붙어 이중 경어가 되므로 「おっしゃる」만으로도 충분한 경어 표현이 된다.

13. 나이를 먹다, 감기들다, 옷을 입는 행위 등의 존경어 → 召す

「お宅の会長は、お歳をとっておいでですね」

「お宅様の会長は、たいそうお年を召していらっしゃるそうですが、お元気で」와 같은 말은 잘 사용하는 표현이다. 「お年を召して」는 나이를 먹었다는 말이지만 「召す」라는 말은 이밖에도 '불러들이다'라든가 '초래하다'는 등의 여러 가지 뜻으로도 사용하는 존경어다. 예를 들면 「着る」「はく」라든가 「気に入る」 혹은 「風邪をひく」 등의 존경어로도 사용된다. 이 「召す」를 사용한 「お年を召す」, 「お気に召す」, 「コートを召す」, 「お風邪を召す」와 같은 말은 지나치게 정중한 말로 최근에는 별로 사용하지 않는다.

회사로 찾아온 손님을 안내할 때 「工場の方は寒いので、どうぞ上着をお召しになってください」라고 말하는 것도 지나치게 정중하고 고상한 말씨라 할 수 있다. 일류 전문상점이나 백화점 등에서는 「いかがでしょう、お気に召しますかどうか …」와 같이 처음 찾아온 손님에게도 안내할 때 사용하는 경우가 많다. 거래처를 방문하였을 때 「御社の鈴木部長は、お風邪を召されて会社を休んでいらっしゃるとうかがいましたが …」와 같은 말투도 있지만 정중도가 지나치지 않게 주의하여야 한다.

「お風邪を召された」는 「皇后陛下がお風邪を召された」라고 말할 때는 별로 위화감 없이 사용할 수 있지만, 보통 「お風邪をお召しになっていらっしゃるのですか」라고 말하면 조금 정중도가 지나치다고 느껴질 것이다. 그러나 앞에 예시한 「お宅の会長は、お歳をとっておいでですね」란 말은 「とって」란 말 대신 「召して」란 말로 바꿔 말하면 된다. 옷을 입을 때의 「召す」라는 말도 상당히 일반화되어 가고 있는 것 같다. 윗사람이나 손님 등에게는 「お召しになってください」라고 말하면 더욱 정감이 가는 말이 된다.

14. 「食べる」、「飲む」의 존경어 → 召しあがる

「遠慮なく召し上がらせていただきます」

「召しあがる」라는 말은 「召す」와 똑같이 「食べる, 飲む」의 존경어다. 따라서 이 말은 본래 대단히 정중한 말이지만 보통 「お食べになる」 또는 「お飲みになる」 등과 같이 말을 바꿔 사용하여도 상관은 없다. 「召しあがれ」나 「どうぞ召し上がってください」라는 말은 상당히 일반화되어 손님 접대할 때 「お口に合うかどうかわかりませんが、どうぞ召し上がってください」와 같이 일반적으로 사용되는 말이 되었다. 이때 「どうぞいただいてください」라고 하면 「いただく」는 겸양어이므로 상대방을 낮춘 꼴이 되어 잘못된 표현이다.

그러나 자기 상사의 집에 동료와 함께 초대받았을 때 「わたくしもいただくからあなたもいただけば」와 같이 말하는 것은 상관없다. 앞에서 예시한 「遠慮なく召し上がらせていただきます」라는 말은 「遠慮なくいただきます」와 같이 이야기하는 것이 올바른 표현이다.

15. 「見る」의 존경어 → ご覧になる

「課長、先日の報告書、見てもらえましたでしょうか」

「ご覧」은「見る」의 존경어로, 일본 역사상 헤이안(平安) 시대부터 사용되어 왔다고 한다. 본래는 경의가 대단히 높았던 말로 상당히 높은 지위에 있는 사람밖에 사용하지 못했던 말이다. 그러나 시대의 변천에 따라「ご覧」의 지위도 낮아져 현재는 일반적인 존경어로 사용되고 있다. 예를 들면 어린아이가 일을 저질렀을 때「ほらごらんなさい」라고 꾸짖거나「ほら、あの小鳥見てごらん」하고 말하는 것이 그 예다.

이「～してごらん」의 모양은 존경어지만 존경의 의미가 아니고 애정을 표현하는 말이다. 따라서「見てご覧」은「見」과「覧」이 겹쳐져 이중 언어로 보이지만 이때의「ごらん」도 애정 표현으로 볼 수 있다. 그렇지만「ご覧」은 경의를 모두 없애 버린 것은 아니다. 예를 들면「お手元の資料をご覧になりながらお聞きください」라든가「課長、先日の報告書、ご覧くださいましたでしょうか」또는「こちらの資料もご覧ください」와 같이 여러 회의 참석자나 과장, 거래처 사람 등에 대하여 존경하는 말투다.

또 과장에게 무엇을 물어볼 때「ご覧いただけましたでしょうか」라는 사람도 있는데「いただく」라는 말은「もらう」의 공손한 말로「ご覧」이라는 존경어와「いただく」라는 말이 겹쳐지는 것은 부적절한 말이므로 이 말은「見ていただく」라는 말을 사용하여「見ていた

だけましたでしょうか」라고 표현하는 것이 적절하다.

앞에서 예시한 「課長、先日の報告書、見てもらえましたでしょうか」와 같은 말은 과장을 자기와 같은 수준으로 취급하는 말이므로 결례가 된다. 이 말은 「課長、先日の報告書、ご覧くださいましたでしょうか」 또는 「目を通していただけたでしょうか」라고 말하는 것이 무난하다고 생각된다.

16. 「買う」의 존경어 → お求めになる

「お求めやすいお値段です」

「お求めになる」라는 말은 「求める」의 존경 표현어다. 「探す」나 「要求する」의 뜻도 있지만 「眼鏡をお求めになる」 또는 「絵をお求めになる」라고 할 때는 보통 「買う」의 뜻으로 사용하는 경우가 많다. 이 「お求めになる」라는 말은 윗사람에게 「あっ、新しいものを買ったのですか」와 같이 지적하는 것 같은 표현은 삼가는 것이 좋다.

친근한 윗사람에게는 「課長、新しい眼鏡をお求めになったのですか」와 같이 「お求めになる」를 사용하는 것이 좋다. 이외로 친근함을 느끼게 하는 말로 「お近くのデパートでお求めになってください」와 같은 표현은 신문광고 등에서 많이 볼 수 있는데, 이 말을 「近くのデパートで買ってください」와 같이 표현한다면 손님들에게 부탁하는 글로써는 부적절하다. 역시 「お求めください」라고 하여야 한다.

「お買いになってください」라고 「お〜なる」형의 존경어를 사용하였다 하여도 직설적으로 「買う」라고 하면 경의는 충분히 전달되지 않을 것이다. 앞에서 예시한 「お求めやすいお値段」이라고 하는 말은 점포 앞에서 자주 듣는 판매원들의 말이다. 모든 사람의 귀에 익은 말이지만 사실은 잘못된 것이다. 「お求めになりやすい」라고 「になる」를 덧붙여 표현하여야만 손님을 존경하는 올바른 캐치 프레이즈가 되는 것이다.

17. 직함을 이름 아래에 쓰면 경칭이 된다 → ○○ 課長

「ただいまキム課長は、出かけております」

　자기 상사를 부를 때 어떻게 부르면 좋으냐는 것이 신입사원들의 고민거리 중 하나다. 일본 소니회사처럼 회사 내에서 사원끼리는 부장님 또는 과장님 직함을 부르지 않고 이름 밑에 '~님'만 붙여 부르는 회사도 있다. 이는 신입사원도 김○○ 부장의 직함을 떼고 김○○ 님이라고 말하는 것이다.

　그러나 일본 本田技研工業회사는 이런 방식을 채택하였지만 사원들 대부분이 어색하게 생각하여 이전대로 돌아간 모양이다. 일본의 통계에 의하면 소니 같은 회사는 예외로 하고 99.9%의 회사가 자기 상사를 부를 때 직함을 붙여 부른다고 한다. 이때 이름 아래 직함을 붙이면 그 직함은 경칭이 되는 것이다.

　예를 들면 「鈴木課長、この書類を見ていただけないでしょうか」와 같이 말한다. 단순하게 「課長」라고 말하여도 경칭을 버린 말은 아니나, 그러나 회사 밖의 외부사람에게 자기 상사인「鈴木課長」를 이야기할 때는「こちらが、わたくしどもの営業課長の鈴木です」와 같이 직함을 이름 앞에 붙여「課長の鈴木」라고 하여야 한다. 그렇게 말하면 내편 사람에게 경칭을 안 붙인 형식이 되어 겸손한 말이 되는 것이다.「こちらが私どもの課長です」라고 말하여도 상관은 없다.

앞에서 예시한「ただいまキム課長は、出かけております」는 회사 밖의 외부사람과 말할 때 내편 사람에게 경의를 붙인 꼴이 되므로 잘못된 말이다. 자기 쪽 사람을 외부사람에게 이야기할 때는 자기 사장이라도「社長の鈴木」와 같이 부르는 것이 상식이다. 자기 상사를 부를 때「課長」라고만 하여야 하는지「課長さん」이라고 하여야 하는지, 우리나라 사람들이 가장 많이 헷갈리는 사항이다. 우리나라 사람들은 모두 "과장님", "사장님" 하고 부르는 관습이 있어「課長さん」이라든가「社長さん」이라고 말하는데, 일본에서는 직함만으로도 존경 표현이 된다. 우리나라처럼 직함 아래 '님'을 붙이면 일본어로는「さん」이나「様」를 또 붙이게 되는 것으로 잘못된 말이다.

그렇지만 실제로 그렇게 신경 쓸 필요는 없다. 회사에 따라서「課長さん」이라고 말하는 회사도 있으므로 주위사람들이 하는 말을 잘 살펴서 따라하면 될 것이다.

18.「さん」은 성명 등에 붙여 쓰면 경의를 나타낸다 → ○○ さん

「鈴木くん、食事に行きましょう」

상사를 부를 때는「課長」또는「鈴木課長」하고 직함을 붙여 부르면 되지만, 자기보다 먼저 입사한 선배나 동료는 어떻게 불러야 하는지가 문제다. 비즈니스 사회에서 보통 사람을 부를 때「鈴木さん」과 같이「さん」을 붙여 부르는 것이 원칙이지만 동료나 후배는「鈴木くん」이라고「くん」을 붙여 부르기도 하고 그냥「鈴木」로 부르기도 한다.

그러나 회사 밖 외부사람 앞에서는「鈴木くん」하고「くん」을 붙여 부르는 것은 좋지 않다. 아무리 후배라도「鈴木」하고 아무 경칭 없이 부르는 것은 때에 따라서 좋은 일이 아니다. 최근 여성도 남성 동료나 후배를「鈴木くん」하고「くん」을 붙여 부르는 사람이 있는데, 이것은 학창시절 학교에서 여학생 사이는「鈴木さん」이라 하고 남자 동급생에게는「鈴木くん」으로「さん」과「くん」을 구별하여 부르던 습성이 남아 그런지 모르지만, 회사 안에서는 남녀를 불문하고 또 선후배 구별 없이 모두「さん」을 붙여 부르는 것이 원칙이다. 일본 국회에서는 의장이 국회의원을 발언자로 지정하여 부를 때 의원 이름 뒤에 남녀 불문하고 모두「くん」을 붙여 말하는 경우도 있다.

19.「人」의 존경어 → 方

「会議にご出席の人たちは、どうぞこちらへ」

「係りの方はいらっしゃいますか」,「はい、ただいま係りの者と代わります」라고 주고받는 말에서도 알 수 있듯이 같은 사람을 표현하는데도 사용하는 말이 다르다. 「方」는 정중하게 말하는 경의 표현으로 「この人」라는 말보다 「この方」라고 하는 말이 정중한 표현이다. 따라서 다른 회사에 전화하거나 방문하였을 때 「係りの人はいらっしゃいますか」라는 말보다 「係りの方は…」 하면 상대방 회사에 대한 경의는 다 표하게 된다. 반대로 자기 회사 사람을 말할 때는 「者」를 사용하여 「係りの者」라고 겸손하게 표현하여야 한다.

「方」는 본래 경어는 아니었지만 「会社の方にもよろしくお伝えください」라든가, 「ご出席の方々にお伝え申し上げます」와 같이 정중한 표현으로 사용하고 있어 '상대방' 또는 '출석자'들에 대하여 경의를 표하는 말로 된 것 같다. 이런 말을 「会社の人」라든가 「ご出席の人たち」라고 한다면 약간 정중도가 떨어져, 경우에 따라서는 결례가 될 수도 있다. 또 「ご出席の皆様」라는 말도 있지만 이 말은 스스럼없는 사이에 사용하는 말투로 격식을 차려야 할 장소에서는 적정한 말이 아니다.

앞에서 예시한 「会議にご出席の人たちは、どうぞこちらへ」라는 말도 반드시 틀렸다고는 할 수 없으나 「人たち」라고 말하면 정중도가 떨어져 별로 어울리는 말은 아니다. 이외 「方」에는 복수 의미도 있다. 「あなた方」라고 하면 「あなたたち」보다는 더 공손한 말이 된다. 보통 「あなた方」라는 말은 윗사람이 아랫사람에게 쓰는 말은 아니지만 회사 부장이 부하에게 소리 내어 부를 때 애정을 표하는 뜻으로 「あなた方」라는 말을 쓰는 경우도 있다.

20. 상대방이나 상대방 회사를 존경하는 말 → おたく様

「ここの会社は、土曜日はお休みですか」

　일본어에서 상대방에 관한 것을 어떻게 부르느냐 하는 것이 상당히 까다롭다. 상대방이 거래처나 고객인 경우에는 일반적으로 호칭을 「おたく様」라고 말한다. 「おたく」라는 말은 「お宅」라는 것으로 「宅」라는 말은 원래 사람이 사는 주거를 가리키는 말이다. 그렇지만 「宅」에 「お」를 붙여 「お宅」라고 하면 상대방의 집이나 사는 것만 말하는 것이 아니라 상대방 자체를 가리키는 말로도 사용하게 되었다.

　「おたく」라는 말은 상대방을 존경하는 말이지만 거기에 「様」라는 말을 붙여 더 정중하게 표현하는 말이 「おたく様」인 것이다. 「おたく様では、この件をどうお考えでしょうか」라고 할 때의 「おたく様」는 눈앞의 상대방을 가리키는 말이고, 「明日、私どもの鈴木がおたく様にうかがう予定になっておりますが…」라고 할 때의 「おたく様」는 상대방 회사를 나타내는 것이지 자택으로 간다는 이야기가 아니다. 이런 「おたく」라는 말도 사실은 경어로서의 가치가 점점 떨어져 가는 것 같다.

　최근 젊은이들 사이에 「おたく、カッコイイじゃん」 등의 말처럼 친구 사이에도 「きみ」나 「おまえ」 대신 「おたく」라는 말을 쓰는 사람이 많아지는 것 같다. 따라서 「おたく」라는 말이 경의가 떨어져서인지는 모르나 비즈니스 현장에서는 「おたく」라는 말 대신 「様」를 붙여 「おたく様」라는 말을 사용하는 것 같다.

앞에서 예시한 「ここの会社は、土曜日はお休みですか」라는 말도 물어보는 회사의 사람에게 말하는 것은 실례가 되지만 그 회사 아닌 다른 회사 사람에게 물어볼 때 사용하는 것은 아무 상관 없다.

21. 상대방 회사를 존경하여 쓰는 말 → 貴社

「おたくの会社の方針をお聞かせください」

회사 앞으로 보내는 서신에 「貴社におかれましては」라든가 「貴社のご意向」와 같이 상대방 회사를 「貴社」라고 존경하여 말하는 것이 일반적이다. 좀 더 격식 차린 말로는 「御社」라고도 하지만 요즘은 「貴社」라고 많이 쓴다.

이 「貴社」 또는 「御社」라는 말은 모두 문장어로 쓰고 있지만 최근 거래처와 상담할 때 「貴社のご方針をお聞かせください」와 같이 사용하기도 한다. 대화의 말로 쓰기에는 좀 위화감이 있어 보이나 일반적으로 이미 정착되어 있는 것 같다.

앞에서 예시한 「おたくの会社の方針をお聞かせください」와 같은 말은 잘못된 표현은 아니지만 적어도 「貴社のご方針」이라고 표현하는 것이 듣는 사람도 호감을 갖게 하는 말이 아닐까 생각한다.

22. 상대방 회사 또는 사람을 존경하는 말 → そちら様

「明日、そっちへおうかがいします」

「そちら様の営業時間を教えてください」라고 할 때의「そちら様」
는 말하는 상대방 회사를 가리키는 말이다. 비즈니스에서 상대방을
가리킬 때「そちら様」라는 밀을 자주 쓰는데, 이때의「そちら様」는
일본어 문법에서 나오는 지시어「こ, そ, あ, ど」라는 말 가운데 하나
다. 자기 쪽을 가리킬 때는「コ」, 상대방 쪽을 가리킬 때는「ソ」, 양자
서로의 어느 쪽도 아닌 때는「ア」, 부정은「ド」가 붙는 일련의 공식적
인 말이「こ, そ, あ, ど」다.

「こちら、そちら、あちら、どちら」또는「こなた、そなた、あなた、
どなた」등 여러 가지가 있지만「そちら」와「そなた」는 상대방을 완
곡하게 표현하는 말이다. 이「そちら」에「様」를 붙이면「そちら様」
로 정중어가 된다. 거래처와 상담할 때「そちら様では、どのような宣
伝計画をお持ちですか」라고 말하거나「そちら様の仰せのようにい
たします」와 같이 말할 때는 모두 상대방 회사의 뜻으로 사용되지만
「あなたの言うようにします」라고 말할 때 상대방 개인인 경우에도
이런 말을 사용한다.

이「そちら様」라는 말은 언제나 사용할 수 있는 말도 아니다. 예로
상대방 회사에 가서 이야기할 때 상대방 회사를「そちら様」라고 하
지 않고「こちら様」를 써서「こちら様では、どのようなご計画を…」
와 같이 말한다.「そちら様」는 전화할 때처럼 상대방과 거리가 떨어
져 있으면서 이야기하는 경우 사용하는 말이다.

앞에서 예시한「明日、そっちへおうかがいします」의「そっち」라
는 말은 일본어에「そっち様」라는 말이 없으므로 정중도가 없는 말
이다. 따라서 비즈니스에서는 확실하게「そちら」라든가「そちら様」

라는 말을 사용하도록 하여야 한다. 「こっち」라든가 「あっち」라는 말
도 이와 똑같다.

23. 「だれ」의 존경어 → どちら様、どなた様

「わたくしどものどなたにご用でしょうか」

 장소나 방향을 묻는 「どちら」에 「様」가 붙으면 사람을 가리키는
말이 된다. 「どなた」에 「様」가 붙어 「どなた様」라고 하면 위와 같이
「だれ」의 존경어가 되는 것이다. 이 「どなた様」와 「どちら様」라는 말
은 미묘한 차이가 있다.

 예를 들면 「どなた様ですか」라고 물었을 때 「鈴木です」라고 대답
하지만 「どちら様ですか」라고 물었을 때는 「A商事の鈴木です」라고
대답하여야 하는 것으로 직접 상대방 이름을 물었다기보다는 소속
등을 묻고 있는 것이다. 또 「どなた様」보다 「どちら様」 쪽이 더 정중
한 말로 비즈니스에서는 「どちら様」를 많이 사용하도록 한다.

 「恐れ入りますが、どちら様でいらっしゃいますか」라는 말은 찾
아온 손님에게 사용하는 말이고, 「わたくし総務部の鈴木ともうし
ますが、どちら様でいらっしゃいますか」라는 말은 전화할 때 상대
방이 이름을 밝히지 않는 경우 쓰는 말이다. 전화로 상대방이 누구인
가를 물어볼 때는 항상 먼저 자기 이름을 밝히는 것이 상식이다. 「ど
なた」란 말은 원래 "어느 방향인가"를 말하는 뜻이었지만 지금은 사
람을 가리키는 「だれ」의 존경어로 사용되고 있다.

이 말은 「だれ」보다 정중한 말씨로 이보다 더 정중한 말로는 「ど なた様」라는 말도 있다. 이 「どなた」라는 말은 신분이나 입장을 물어 볼 때도 있지만 많게는 이름을 물어볼 때 사용한다. 「課長、○○社へ はどなたといらっしゃいますか」 또는 「書類をどなた様までお届け すればよろしいでしょうか」라고 할 때는 각각 자기 회사 사람이나 상대방 회사 사람의 소속은 알고 있으므로 개인 이름만 묻고 있는 것이다. 「課長、○○社へはどなたといらっしゃいますか」라고 할 때 과장이 자기 동료거나 부하를 한 사람만 같이 동행하는 것으로 알고 있으면 「誰とご一緒なさいますか」라고 말하여도 된다. 앞에서 예시한 「わたくしどものどなたにご用でしょうか」라는 말은 「わたくしども のだれに」라고 표현하여야 한다.

24. 상대방을 존경하는 말 → あなた様

「あなたからのお手紙、たしかに拝読いたしました」

편지 쓸 때 상대방을 뭐라고 하면 좋으냐는 질문을 많이 받는다. 영어의 you는 윗사람, 아랫사람 모두에게 다 사용할 수 있지만 일본어는 상대방 표현의 「あなた」는 좀 까다로운 면이 있다.

예를 들어 일본 문부성의 「これからの敬語」에서 자기를 가리킬 때는 「わたし」를 표준으로 하고, 상대방을 가리킬 때는 「あなた」를 표준형으로 하도록 되어 있지만, 「あなた」라는 말은 원래 "저쪽 방향"이란 뜻이다. 「そなた」는 동료나 아랫사람에게 쓰는 말인 데 대하여「あなた」는 윗사람에게만 쓰는 정중어다. 그러나 요즘「あなた」라는 말을 윗사람에게는 쓰지 않는 것 같다.

비즈니스 현장 용어로「おたく様」또는「そちら様」라는 말을 많이 사용한다.「あなた様のご意見、まことにもっともなことと存じます」라든가「末筆ながら、あなた様のご健康をお祈り申し上げます」와 같이 개인적인 손님 편지에는「様」를 붙인「あなた様」를 쓰는 경우도 있지만 거래처로 보내는 편지에는 쓰지 않는다. 담당자 앞으로 보내는 편지일지라도 어디까지나 회사 대 회사의 서신이므로 편지를 쓸 때는 직접 상대방의 이름을 사용하여「鈴木様の~」와 같이 써도 좋다.

앞에서 예시한「あなたからのお手紙、たしかに拝読いたしました」라는 말도「様」가 빠져 있어 결례로 느낄 수도 있으나 일부러「あなた様の」라는 표현을 하지 않아도 존경의「お」가 붙어 있어「あなたの」라는 것은 알 수 있기 때문이다.

25. 상대방을 존경하여 부르는 방법 → ○○様

「A社鈴木三郎営業部長殿」

편지 받는 사람 이름을 쓸 때「様」로 하느냐「殿」로 하느냐가 문제다.「様」는 원래 방향을 가리키는 말로「鈴木様」라고 하면 "鈴木 씨가 있는 방향" 즉 "鈴木 씨 쪽"이라는 뜻이다. 이 말은 직접 상대방을 가리키는 것을 피하여 '~쪽'으로 얼버무려 정중함을 나타낸 말이다.

개인 사이에 주고받는 편지 수신인은 대부분「様」로 쓴다.

옛날 학생이 선생에게 편지를 보낼 때는 "○○先生" 하고 "先生"을 붙여 보냈지만 요즘은「様」를 쓰는 학생이 많다. 옛날 비즈니스 편지에서는「殿」를 많이 사용하였지만 요즘은「殿」대신「様」를 쓰는 회사들이 많다.「A社営業部鈴木三郎様」또는「営業部ご一同様」와 같이「様」사용이 보편화된 것 같다.

「様」를 사용할 때 문제가 되는 것은 수신인 이름에 직함이 붙어 있을 때다.「営業部長 鈴木三郎」와 같이 상대방 이름 위에 직함이 붙었을 때는「様」가 아닌「殿」를 사용하는 것이 일반적이고, 앞에서 예시한「A社鈴木三郎営業部長殿」와 같이 이름 아래 직함이 쓰여 있을 때는 직함이 경칭이므로 직함 아래에「様」나「殿」를 또 붙인다면「先生様」라는 말과 같게 되는 것이다.「鈴木営業部長 侍史」와 같이 써서 경의를 나타내기도 하지만 될 수 있는 한 직함은 이름 위에 쓰는 것이 바람직하다.

26. 다수인을 대상으로 존경어를 쓸 때 → 各位

「各位様」

비즈니스 서류 같은 데서「各位様」라는 말을 자주 보지만 이것은 잘못된 표현이다.「各位」라는 말은 다수인을 대상으로 각각을 존경하는 말이다. 다시 말하면「みなさま」라는 말과 같다.

앞에서 예시한「各位様」는「各位」에「様」를 붙인 것으로「先生様」

라는 말과 같다.「貴社はじめ関係各位の多大なるご協力を賜わり
…」와 같은 말은 여러 거래처에 똑같은 문서를 내보낼 때 사용하는
말이다.「お得意様各位」또는「お客様各位」라고 하는 말도 있다. 사
내 문서를 쓸 때 수신인을「各位」라고 하면 윗사람부터 아랫사람까
지 회사 전 직원에게 사용할 수 있는 말이다.

윗사람이 부하에게 보내는 문서에도 사용하는 경우가 많다. 그러
나 문서에서 사용하는 수신인은「各位」라고 해도 좋지만 문서 봉투
표지는「御中」라고 써서「A社営業部御中」와 같이 표현하는 것이 상
식이다.

27. 서신에서 회사 또는 단체에 경의를 표하는 말 → 御中

「A社営業部御中鈴木様」

학생 시절 취직활동을 할 때 취직 희망회사 인사부서에서 보내는
안내문을 많이 받아본다. 이때 내가 회사로 보내는 엽서나 봉투에
「○○会社人事部御中」라고 쓴다는 것은 알지만 그러나 이「御中」는
개인이 아닌 담당 계나 단체 앞으로 보낼 때 편지 수신에 쓰는 말이다.

「御中」라는 말은 원래「様」와 같이 경칭은 아니고 일본어로「机
下」라든가「侍史」라는 말처럼 서신에서 존경을 나타내는 말이다. 따
라서 회사명이나 부서명 등의 바로 아래에 쓰는 것이 아니고 조금
옆으로 비켜서 쓰는 것이 본래의 쓰는 방법이다. 또 앞에서 예시한
「A社営業部御中鈴木様」는 개인 이름 앞에 수신처가 있으므로 회사

명이나 부서명에 굳이 「御中」라고 표현할 필요는 없다.

28. 「知っている」의 존경어 → ご存じ

「御社のご意見は、私どもの部長もご存じだと思います」

「存ずる」나 「存じます」는 겸양어지만 「ご存じ」라고 하면 「知って
いる」 또는 「承知」의 존경어가 된다. 「存じます」는 조금 공손한 표현
이지만 「ご存じ」는 일상 사용되고 있는 말이다. 「すでにご存じのこ
とと存じますが…」라는 말은 문법적으로 틀린 것은 아니지만 역시
이상한 느낌을 주기 때문에 실제적으로는 「先日、ご報告いたしまし
たが」라고 바꿔 말하는 것이 더 나을 때도 있다.

앞에 예시한 「御社のご意見は、私どもの部長もご存じだと思い
ます」는 존경어의 초보적 오류로 회사 밖의 사람과 말하면서 자기 부
장에게 존경어를 쓴 것이다. 「部長も存じていると思います」라든가
「存じあげている…」라고 하는 것이 적절한 표현이다. 다만 「知って
いると思います」라고는 바꿔 말하여도 상관없다.

29. 사람을 오도록 하였을 때의 존경어 → ご足労

「わたくしが、ご足労いたします」

「ご足労」라는 말은 상대방을 오라고 하였을 때 문자 그대로 발(足)

을 위로한다는 뜻이다. 요즘 사람들은 거래처 상대방을 부르는 것보다 자기가 먼저 가는 경우가 많으므로 별로 사용하지 않는 말이지만 「ご足労願う」, 「ご足労いただく」 또는 「ご足労をわずらわす」와 같은 말은 언제나 기억해 두는 것이 좋다. 다만 조금 딱딱한 느낌을 주므로 문장어라고 할 수 있다.

「明日こちらへご足労いただけませんでしょうか」와 같이 상대방에게 부탁할 때는 「恐れ入りますが」라고 미리 양해를 얻어 놓는 것이 좋다. 「明日こちらへご足労願います」라고 무뚝뚝하게 말하면 이 말도 존경어지만 「こい」 하고 명령조로 부르는 말같이 들린다. 앞에 예시된 「わたくしが、ご足労いたします」와 같은 말은 자기에게 존경어를 쓴 것으로 우스꽝스러운 말이 되어 버렸다. 「うかがいます」라든가 「おうかがいします」라는 표현으로 하는 것이 좋다.

30. 「死ぬこと」의 존경어 → 逝去

「A社の会長がご逝去したそうです」

「死ぬこと」는 여러 가지 말로 나타낼 수 있지만 가장 일반적으로 사용되는 말은 「逝去」일 것이다. 보통 이야기할 때 별로 사용하는 말은 아니지만 편지 쓸 때 문장어로 많이 쓴다. 문상할 때는 「お父上のご逝去を心からお悔み申し上げます」와 같이 「逝去」에 「ご」를 붙여 「ご逝去」라고 보통 말한다. 그러나 「逝去」만으로도 경어이므로 「ご逝去」라는 말은 이중 경어라는 사람도 있다.

그러나 「逝去」라는 말은 원래 존경어가 아니다. 오늘날 일반적으로 존경어와 같이 사용되고 있으므로 모두 그렇게 생각하는 것 같다. 거래처에 보내는 서신 등에 「私共の会長の逝去の際は…」처럼 자기 쪽 사람에게 「逝去」라는 말을 사용하여도 잘못된 것은 아니지만 앞에서 예시한 「A社の会長がご逝去したそうです」와 같은 말은 잘못된 말이다. 올바르게 말하자면 「ご逝去される」라고 표현하여야 한다. 이밖에도 「ご逝去になる」, 「ご逝去なさる」 또는 「ご逝去あそばす」와 같은 말이 있다.

31. 남의 집에 세를 들었거나 하숙을 하였을 때 → ○○ 様方

「鈴木方 日本太郎様」

상대방이 하숙하고 있거나 친척집에 함께 기거하는 경우 그때 많이 사용하는 말이 「○○様方」다. 이 말은 그 사람 집에 몸을 의탁하고 있다는 것을 나타내는 것이다. 「鈴木三郎様方 日本太郎様」 또는 「鈴木様方 日本太郎様」와 같이 편지를 보낼 때 의탁하고 있는 집주인 이름에는 「様方」를 붙이고, 수신인 본인에게는 「様」라고 붙이는 것이 정상이다.

앞에서 예시한 「鈴木方 日本太郎様」와 같이 상대방 이름 앞에만 「様」를 붙이고 의탁하고 있는 집주인 이름 앞에는 「様」를 붙이지 않은 것은 상대방에 결례가 되는 것이다.

한편 기숙하고 있는 사람이 편지를 보낼 때는 보낸 사람 주소에

「様」를 붙일 필요는 없고 「○○方 ××太郎」라고만 하여도 상관은 없다. 취직지망생이 자기가 거주하는 주소에 「○○様方」라고 써서 회사에 서신을 보냈다면 그것만으로도 실격 판정이 내려질 수도 있다.

32. 「気に入る」, 「気が付く」의 존경어 → お目にとまる

「そちら様の社長が気に入ったのは、どの商品でございますか」

「お目にとまる」는 「~気に入る」 또는 「~に気が付く」라는 말의 존경어지만 비슷한 말로 「お目にとめる」라는 말도 있다. 이 말은 '보아 둔다'와 같은 뜻이다. 「この商品がそちら様のお目にとまるとは、たいへん光栄です」와 같은 말은 「気に入る」를 사용한 예다.

이와 같은 뜻을 지닌 「おめがねにかなう」라는 말도 있다. 거래처에 인사말로 「そこまでお目にとめていただいて、恐縮に存じます」라고 할 때 「お目にとまる」라는 말은 「気が付く」의 뜻으로 사용되는 것으로 「そこまで気を使っていただいて」 또는 「そこまでご配慮をいただいて」라는 말로 바꿔서 사용하여도 상관은 없다. 앞에서 예시한 「そちら様の社長が気に入ったのは、どの商品でございますか」라는 말과 같이 「気に入ったのは」라고만 말하면 경의감이 없는 것으로 오히려 결례를 느끼게 한다.

「お目にとまる」는 일반적인 말은 아니지만 「気に入る」의 존경 표현이라고 알아두면 좋을 것이다. 또 「お気に入られた」라고 하여도 잘못된 말은 아니지만 깔끔하지 못한 느낌을 준다.

33.「聞く」,「訪問する」의 존경어 → おたずねになる

「受付でおたずねしてください」

비즈니스 현장에서는「聞く」,「訪問する」라는 의미의 존경 표현으로「おたずねになる」라는 말을 많이 사용한다.「受付でおたずねになってください」또는「社長は、明日、A社をおたずねになるご予定だそうです」와 같은 말이 그 예다.

거래처 사람이 처음 회사를 방문하였을 때「受付で聞いてください」와 같이 말한다면 너무 퉁명스럽게 들릴 것이다.「A社をおたずねになる」라는 말은「A社にいらっしゃる」라고 바꿔 말하여도 좋다. 이 존경 표현은「お~する」의 겸양 표현과 틀리기 쉬운 것으로「おたずねする」는「たずねる」의 겸양 표현이므로 앞에서 예시한「受付でおたずねしてください」처럼 말하면 상대방을 겸손하게 낮춘 말이 되므로 손님에게 결례되는 것이다.

이와 같은 말은 자주 듣지만 이 말은「受付でおたずねになってください」라고 말하는 것이 올바른 표현이다. 이외로「おたずねになられる」라고 표현하는 사람도 있지만 이 말은 이중 경어에 속하므로 올바른 말은 아니다.

34.「くれる」의 존경어 → くださる

「課長からお渡し下さった資料をもとに…」

「部長がこの資料をくださいました」라는 말의 「くださる」는 「くれる」의 존경어다. 결국 윗사람이 아랫사람에게 주는 것을 경어로 표현한 것이다. 이때 받는 입장인 아랫사람의 경우는 「いただく」가 된다. 그러므로 「部長からこの資料をいただきました」라는 말로 바꿔서 말할 수도 있다. 「課長がまとめて下さった資料をもとに…」라는 말의 「課長がまとめてくださった」를 「課長にまとめていただいた」라는 말로 바꿔 말해도 뜻은 같지만 주체가 다른 표현이다. 「課長がまとめてくださった」라는 말은 상대방을 드러나게 하는 것으로 좋은 말투라고 할 수 있다.

앞에서 예시한 「課長からお渡し下さった資料をもとに…」라는 말은 부장이 가지고 있던 자료를 과장을 통하여 받았다는 것을 부장에게 말하는 것이라면 괜찮지만, 그렇지 않으면 「いただいた資料を」라고 하여야 할 것이다.

겸양어 상식

「参る, 存ずる」부터 「承る」까지

1. (윗사람 있는 곳으로)「来る」,「行く」의 겸양어, 정중어 → 参る

「A商事の鈴木さんが、参られるそうです」

윗사람 있는 곳으로 가거나 올 때의 겸손한 말로「参る」를 많이 사용한다. 그러나 오용하는 경우도 적지 않다. 그 원인은 요즘 젊은이들이 겸손이라는 것을 인식하지 못하는 데 있는 것 같다. 따라서 겸양어와 정중어도 구별하지 못하여 모두 정중어로 다루는 것 같다.

「参る」는 정중어와 같이 사용하는 경우도 있으나 기본적으로는 겸양어로 사용하면서 정중어로도 사용할 수 있는 말이다. 그렇지만 정중어로 사용한다 하여도 겸양의 여운은 남아 있는 것이므로「参る」라는 말은 자기 또는 자기 편 사람에게 사용할 수는 있으나 상대방이나 윗사람에게 사용할 수는 없다. 거래처와 상담할 때「課長も、あとから参ります」와 같이 과장이 자기 상사라고 하여도 자기 회사 밖의 사람과 말할 때 자기 편의 과장이 온다는 말은 겸손하게 표현하여야 한다. 이 말을「あとからいらっしゃいます」라고 하면 자기 편 과장에게 존경어를 사용한 것이 되므로 상대방에게는 결례가 된다.

윗사람에게 보고할 때「A商事は、わたくしが参ることにいたしま

した」라고 하면 「行きます」를 단순하게 정중어로 바꿔 사용한 것으로만 생각되지만 거래처에 가는 것이므로 「参ります」에는 겸양의 뉘앙스도 들어 있다. 앞에서 예시한 「A商事の鈴木さんが、参られるそうです」의 「参られる」라는 말은 요즘 자주 듣는 말투다. 「参る」를 단순하게 정중한 말로 해석한다면 존경의 조동사 「れる」를 붙여 거래처 사람이 오는 것을 존경어로 표현하였다고 생각할 수 있으나 굳이 온다는 말을 존경어로 하려면 「いらっしゃる」라든가 「おいでになる」라는 말로 확실한 존경어를 사용하는 것이 좋다.

2. 「来てもらう」의 겸양어 → おいで願う

「当社へおいでいただければ、お目にかけます」

축하 모임이나 파티 같은 자리에서 「本日は○○さんにもおいで願っております」와 같이 말하는 경우가 많다. 「おいで願う」라는 말은 「来てもらう」의 겸양 표현으로 자기 편을 낮추어 상대방에게 경의를 나타내는 말이다. 거래처 사람에게 자기 회사에 오지 않겠느냐고 의뢰할 때 「当社へおいで願えますでしょうか」라는 말은 「来てくださいますでしょうか」라는 말보다 정중도가 더 높은 말이다.

손님을 접대할 때 「鈴木社長にもおいで願っております」라는 말은 「本日は○○さんにおいて願っております」와 같은 말이다. 단순히 이렇게 말하면 鈴木社長이 지금 초대장소로 오는지 어떤지를 알 수가 없다. 왜냐하면 「おいで願う」라는 말은 왔으면 하는 사람이 "온

다는 것만 약속하고 아직 그 장소에 와 있지 아니한 상태"라는 뜻과
"지금 그 장소에 와 있다"라는 두 가지 뜻이 있기 때문이다. 다른 사람
에게 초청한 손님이 와 있는지 어떤지를 확실하게 전하기 위하여서
는「鈴木社長がおいでくださっています」와 같은 말이 오해를 초래
하지 않는 적절한 표현이다.

앞에서 예시한「当社へおいでいただければ、お目にかけます」라
는 말은「おいで願う」라는 말보다 조금 존경도가 낮은 말로 표현한
예다. 왜 이 말이 잘못되었는가 하면「おいでいただく」는「来ても
らう」라는 말이 되기 때문에 이 말을 올바르게 표현하려면「おいで
くだされば」라고 표현하는 것이 정답이다.「おいで願う」는「おいで
いただく」와「おいでくださる」양쪽 뜻을 겸하고 있지만「おいでい
ただく」로 사용할 때는 상대방에게 결례되지 않도록 주의할 필요가
있다.

3.「訪問する」의 겸양어 → うかがう

「先日、当社にうかがった方をお電話口にお願いします」

「明日、おうかがいします」라고 하면 몇 가지 유형의 다른 해석이
떠오른다. 먼저 "내일 (당신의) 집이나 회사에 가겠습니다"라든가 "내
일 (당신에게) 여쭈어 보겠습니다" 또는 "내일 (당신의) 이야기를 듣겠
습니다"라는 말들이다. 이와 같이「うかがう」는 여러 가지 뜻을 갖고
있지만 거래처와 상담할 때「明日, おうかがいしたいとおもいます

が、ご都合はいかがでしょうか」라는 말은「訪問する」를 겸양어로 바꿔 사용한 것이다.

「お邪魔する」라는 말도 같은 뜻의 말이다. 상대방에게 방문한다는 것을 전할 때「明日、何時におうかがいします」라고 하면 상대방에게 일방적으로 강요하는 것과 같은 느낌을 주므로「明日、十時におうかがいしたいのですが、ご都合はいかがでしょうか」와 같이 상대방의 사정을 물어보는 형식으로 표현하면 훨씬 더 정중한 말이 된다.

「うかがう」는 자기 쪽을 낮춤으로써 상대방을 높이는 겸양어이기 때문에 앞에서 예시한「先日、当社にうかがった方をお電話口にお願いします」와 같은 말은 손님이나 거래처 등 상대방 행동에 사용하여서는 안 된다. 이와 같은 경우는 존경어를 사용하여「先日こちらにいらっしゃった方をお願いします」라고 말하는 것이 무난하다.

4. 「聞く」의 겸양어 → うかがう

「課長のご意見を聞きたいのですが」

회사 조직 내에서 일할 때 윗사람의 판단이나 지시를 받아 일하는 경우가 많이 발생한다. 이때「聞く」라는 말 대신「うかがう」라는 겸양어로 바꿔「この件について、課長のご意見をおうかがいしたいのですが」라든가,「ちょっとおうかがいしたいのですが、いまよろしいでしょうか」와 같이 말하는 것이 좋다.

앞에서 예시한「課長のご意見を聞きたいのですが」와 같이「ご意

見を聞きたい」또는「ちょっとお聞きしたい」라고 하면 때에 따라서는 결례가 된다. 윗사람 이야기를 들었을 때도「昨日の研修では鈴木先生から有益な話をうかがいました」와 같이 말하여야만 정중한 표현이 된다.

「うかがう」를 사용할 때 틀리기 쉬운 것은「窓口でうかがってください」라든가「受付でうかがってください」와 같은 말투다. 이렇게 말하면 상대방을 겸손하게 만드는 것이 되므로 결례가 되는 것이다.

5. 「質問する」, 「訪問する」의 겸양어 → おたずねする

「受付で、総務課の鈴木とおたずねしてください」

「おたずねする」는「質問する」, 「訪問する」라는 뜻인「たずねる」에「お~する」라는 겸양 표현을 붙여 만든 말이다. 거래처를 방문하였을 때「少々おたずねしますが、総務課はどちらですか」와 같은 말은 자기를 낮추어 묻는 것이다. 거래처와 상담할 때「では、明日の二時に、そちらをおたずねします」라고 하면「おたずねする」는 거래처를 방문한다는 뜻이다.

앞에서 예시한「受付で、総務課の鈴木とおたずねしてください」와 같이 찾아온 손님에게 말하면 이것은 상대방을 겸손하게 만들어 결례가 된다. 「おたずねする」와 비슷한 말로「おたずねになる」라는 말도 있다. 이 말은「たずねる」를「お~になる」라는 존경 표현의 말을 붙여 만들어진 것이다. 「おたずねする」가 겸양어라면「おたずねにな

る」라는 말은 존경어가 된다. 따라서「おたずねになってください」라고 하는 것이 좋다.

6.「訪問する」의 겸양어 → お邪魔する

「明日は、喜んでお邪魔させていただきます」

「訪問する」의 겸손한 말은 여러 가지 있지만 그중「お邪魔する」라는 말이 비즈니스 사회에서 많이 사용되고 있다. 거래처나 다른 회사를 방문할 때 실지로는 놀러 간 것도 아니고 상대방을 방해하러 간 것도 아니며 일이 있어 간 것이지만, 상대방이 근무시간이라면 방문 시간만큼은 시간을 소비하게 만든 것이므로 결과적으로 폐를 끼친다는 뜻과 함께「お邪魔する」라고 표현하는 것 같다.

「明日の三時ごろお邪魔したいのですが、よろしいでしょうか」라고 할 때는 차라리 겸손한 말「おうかがいしたい」로 바꿔 쓰는 것이 좋다. 이와 같이「よろしいでしょうか」라는 말과 함께 상대방 의향이나 사정을 묻는 말을 덧붙이면「明日の三時ごろお邪魔します」라고만 말하는 것보다 더 정중한 말이 된다. 거래처 방문 때「どうも、お邪魔いたしました」라는 말은 돌아올 때의 인사말로 관용적으로 사용하는 말이므로 기억해 두는 것이 좋다.「失礼します」라는 말보다 훨씬 정중한 표현이다.

친한 사람 집을 방문하였을 때「お邪魔様」라고 하는 경우도 있지만, 이 말은 가벼운 인사말로 비즈니스에서 사용하지 않는 것이 좋다. 「お邪魔する」라는 말은 원래 상대방에게 폐를 끼친다는 뜻이므로 앞에서 예시한 「明日は、喜んでお邪魔させていただきます」와 같이 「喜んでお邪魔します」라고 하면 우스운 말이 되므로 「喜んでおうかがいします」로 바꿔 말하는 것이 좋다. 다만 이 「お邪魔する」는 「お手数をかける」 또는 「ご迷惑をかけますが」와 뜻은 같지만 겸손의 뜻이 강하므로 지나치게 사용하면 도리어 안 좋게 생각할 수도 있는 말이다.

7. 「持っていくこと」의 겸양어 → 持参する

「書類をご持参ください」

「持参」은 「参」이라는 글자가 붙어 있어 짐작할 수 있듯이 자기를 낮추는 말이다. 「ご注文の品は、十日までにわたくしが持参いたします」라고 하면 상대방에 대하여 「持って参ります」 또는 「お届けにあがります」와 같은 말로 자기를 낮추는 말이다. 「研修に参加する人は、筆記用具を持参のこと」라는 말은 얼마 전까지 자주 사용하던 말이지만 최근에는 「用意してください」와 같이 부드러운 말을 많이 사용한다.

앞에서 예시한 「書類をご持参ください」라는 말 가운데 「ご持参ください」는 윗사람이나 거래처 사람에게 사용하는 것이 부적절한 표현이므로, 이런 말은 잘 사용하고 있지만 "持参"이라는 말을 겸양어로 보느냐 정중어로 보느냐 하고 의견이 분분하므로 「お持ちくだ

さい」라고 말하는 것이 무난하다.

8.「同行する」의 겸양표현 → ご一緒する

「課長、途中までご一緒しましょう」

「ご一緒する」는「同行する」의 겸손한 말로「おともする」의 한자어 표현이다.「はい、わたくしも課長とご一緒します」와 같은 말은「きみも鈴木課長と一緒に行くのか」라고 물었을 때 사용하는 말이다. 또 상사에게 동행할 것을 부탁할 때「わたくしも、ぜひ課長とご一緒させてください」라고 말하는 것은「ご一緒する」라는 말을 다시 겸손하게 자기를 낮춘 말이다.

앞에서 예시한「課長、途中までご一緒しましょう」라는 말의「ご一緒しましょう」는 잘못한 말은 아니지만 윗사람을 꾀거나 자기 의사만 일방적으로 밀어붙이는 말투다.「ご一緒します」또는「ご一緒いたします」정도로 표현하는 것이 무난하다.「課長、ご一緒しませんか」라고 하면 동행하는 과장까지 겸손하게 만드는 것이 되어 결례다.

「お~する」라는 말을 사용하여 겸양 표현으로 만든「お会いする」라는 말처럼 동사연용형이 들어가는 것이 일반적이고「一緒」와 같이 명사가 들어가는 예는 별로 없는 것으로 알고 있다.

9. 「言う」의 겸양어 → 申す

「課長が申されたこと、すぐ実行します」

「わたくしから彼に申します」와 같이 「申す」는 「言う」의 겸손한 말이지만, 이 「申す」라는 말은 「わたくし、A社の鈴木ともうしますが」와 같이 처음으로 전화할 때 상대방에게 자기 이름을 말하는 경우다. 이때 「鈴木と言います」라고 하면 별로 듣기 좋은 말은 아니다.

이 「鈴木ともうします」라는 말을 처음 만났을 때 사용하는 인사말이라고 하지만, 반드시 그렇다고 말할 수는 없다. 두세 번 만났다고 하여도 「鈴木でございます」라고 말하는 것보다 「鈴木と申します」라고 말하는 것이 더 좋을 때도 있다. 「沈黙は金ともうしますが」처럼 「申す」가 겸양이 아니고 정중어로 사용하는 때도 있다.

앞에서 예시한 「課長が申されたこと、すぐ実行します」와 같이 「申される」를 존경어처럼 사용하는 사람도 최근에 많이 눈에 띈다. 그러나 「おっしゃる」라는 말도 있으므로 이런 말을 굳이 사용할 필요는 없을 것 같다. 또 「申す」는 「部長がお帰りになるまでお待ち申します」 또는 「お手伝い申します」와 같이 동사연용형에 「お」를 붙인 것과 세트를 이루어 겸양 표현을 만드는 것이다. 이때 「お~申す」라는 말의 「申す」에는 「言う」의 뜻은 없다. 이외로 「待つ」의 겸양 표현인 「お待ちする」보다도 더 겸양을 표현하는 「お待ちいたします」라는 말과 같이 최근 「いたす」라는 말을 많이 사용한다.

10. 「言う」의 겸양어 → 申しあげる

「部長に直接申しあげてください」

「申しあげる」는「申す」보다 더 정중한 말이다. 최근에「申す」라는 말은「申しあげる」라는 말로 많이 바꿔 사용하는 것 같다.「先方に申しあげたところ、ご快諾をいただけました」라고 할 때는「申しましたところ」로 바꿔 말해도 좋고,「ご相談申し上げたいことがございます」는「ご相談申したいこと」라고 말하여도 좋지만「申す」로만 말하면 너무 겸양 느낌을 줄 수도 있다.

그러나「私どもの部長も、こう申しておりましたが」를「申しあげる」라고 말하면 오히려 더 이상한 말이 되어 버린다.「部長も、こう申しあげておりましたが」라고 말하면 부장이 자기에게「申しあげる」라고 한 것이 되어 결국 부장이 자기보다 낮은 존재가 된 것이다.「部長から、こう申しあげるようにと言いつかってまいりました」또는「ただいま部長の鈴木が申しあげましたように」라는 말과 같이 화제로 등장하는 부장이 직접 상대방에게 말한 때는「申しあげる」가 되는 것이다.

「わたくし、鈴木と申します」라고 자기 이름을 소개할 때도「わたくし、鈴木と申しあげます」라고 하면 이상한 말이 되어 버린다. 비즈니스 문서에서는 이「申しあげます」라는 말을 많이 사용한다.「ご配慮のほどお願い申しあげます」라든가「御礼申し上げます」또는「ご通知申しあげます」와 같이 관용적인 말을 많이 사용하고 있는 것이다. 「申しあげる」는 자기에게 붙이는 말이기 때문에 앞에서 예시한 「部長に直接申しあげてください」라는 말은 상대방에게 「申しあげる」를 붙여 상대방을 겸양하게 만드는 것이므로 잘못된 말이다. 상대방이 자기 동료거나 같은 수준의 사람이라면 부장에게 경의를 표하여 이와 같이 말할 수도있다

11. 「もらう」, 「食べる」의 겸양어→ いただく

「書類は、総務部でいただいてください」

「いただくなら○○のお菓子」와 같은 문구는 일본 전철 안에서 흔히 볼 수 있는 광고다. 이 「いただく」라는 말은 원래 "머리 위에 받쳐들다"의 뜻으로 윗사람으로부터 받은 것을 소중하게 머리 위로 받쳐든다는 데서 받는다는 말 「もらう」의 겸양어다. 「いただく」에는 「食べる」라는 뜻과 「飲む」라는 뜻도 있지만 모두 겸양어로 사용한다.

최근에 이 「いただく」를 정중어로 취급하는 사람도 있지만 앞에서 예시한 광고문 「いただくなら…」라는 말은 두 가지로 해석할 수 있다. 하나는 「人からもらうなら、○○お菓子がいい」라는 뜻과 다른 하나는 「食べるなら、○○お菓子がいい」라는 것처럼 두 가지로 해석할 수 있다.

그러나 어떻게 되었든 겸양 표현을 한 것으로 고객에게 하는 말로는 이상한 말이다. 윗사람에게 부탁할 때 「課長、ご相談があるので、すこしお時間をいただきたいのですが …」라고 말하는 경우 「いた

だく」는「もらう」의 표현이고, 이와는 달리 거래처에서 식사 권고를 받았을 때「ありがとうございます、遠慮なくいただきます」라고 할 때의「いただく」는「食べる」의 겸양 표현이다.

「遠慮なく」에「ご」를 붙여「ご遠慮なくいただきます」라고 하면 자기에게 경어를 붙인 꼴이 되어 부적절한 말이 된다.「課長、この企画について教えていただけませんか」라는 말을「おしえいただけませんか」라고 하는 사람도 있지만 이때는 오히려「お教え願えませんか」라고 바꿔 표현하는 것이 더 좋다. 앞에서 예시한「書類は、総務部でいただいてください」라는 말도 상대방을 겸양시킨 말이므로「総務部でお受け取り下さい」라고 바꿔 말하는 것이 무난할 것이다.

12.「もらう」의 겸양어 → ちょうだいする

「お送りしました品、ちょうだいされましたでしょうか」

「ちょうだいする」의 본래 뜻은「いただく」라는 말과 같이 받은 물건을 "머리 위로 받쳐들다"라는 것으로 이 말도「もらう」의 겸양어다.「いただく」보다는 경의가 깊고, 정중도도 높은 표현이다.

「先日はけっこうなものをちょうだいし、ありがとうございました」또는「つぎに鈴木先生からお祝辞をちょうだいしたいと存じます」라고 말할 때의 각각「ちょうだいする」라는 말은「いただく」로 바꿔 사용하여도 틀린 말은 아니지만,「ちょうだいする」라는 말은 윗사람에게 어울린다는 뉘앙스도 있다.

앞에서 예시한 「お送りしました品、ちょうだいされましたでしょうか」라는 말은 「お受け取りになりましたでしょうか」 또는 「お手もとに届きましたでしょうか」로 바꿔 말하는 것이 좋다. 또 「お目玉をちょうだいする」와 같은 표현도 있지만 「書いてちょうだい」라고 할 때의 「ちょうだい」라는 말은 경어도 아니고 아무것도 아닌 표현이다.

13. 「やる」의 겸양어 → 差し上げる

「これをお宅様の課長に差し上げてください」

사람에게 무엇을 주는 것을 「やる」, 「あげる」, 「差し上げる」와 같은 말로 표현한다. 이 말들의 존경도는 나열되어 있는 순서대로 「やる」가 제일 낮고 「差し上げる」의 존경도가 가장 높다. 「やる」의 상대방은 자기와 동등한 사람이거나 그 이하의 사람일 것이고, 「あげる」는 자기보다 위에 있는 상대방이며, 「差し上げる」라고 할 때는 자기보다 상당히 위에 있는 상대방이다. 이와 같이 「差し上げる」는 「やる」의 겸양어로 대단히 정중한 말이다.

전화를 받았을 때 「のちほど、こちらからお電話を差し上げます」라고 하는 말은 「こちらからお電話します」 또는 「担当者からお電話させます」라고 할 수도 있지만 이보다 「差し上げる」라는 표현이 훨씬 정중도가 높다. 물론 상대방에 따라서 다르겠지만 거래처 손님에게는 정중한 말을 사용하여야 한다. 「出席者に差し上げるお土産の

用意ができました」는「出席者」를 존경한 말이지만「出席者」가 현장에 없을 때「出席者にわたすお土産」라고 하면「出席者」가운데 "중요한 요인이 오는 것을 모르는구나!"라고 생각하기 쉽다.

앞에 예시한「これをお宅様の課長に差し上げてください」라는 말은 대화 상대방을 낮춘 표현인 것으로 상대방에게 결례되는 말이다. 이 말은「お渡しください」정도로 말하는 것이 적절하다. 또「やる」나「あげる」라는 말은「あかちゃんにミルクをあげる」라든가「犬にエサをあげる」와 같이 말하는 사람도 있으나 적절한 말은 아니다.「あげる」는 겸양어이므로 결국「あかちゃん」이나「いぬ」에게 겸양어를 사용한 셈이다. 특히 여성들 사이에「やる」라는 말을 난폭한 말 또는 추한 말로 여기고 자기도 모르는 사이에 무심코「あげる」라는 말을 쉽게 사용하는 것 같다.

14.「受ける」,「もらう」의 겸양어 → 賜る

「ご意見を賜ってください」

「賜る」는 대단히 격식을 차리는 말로 보통 대화할 때 거의 사용하지 않는 말이다.「ただいま、会長よりお言葉を賜りましたが…」와 같이 격식을 차려야 하는 장소에서 들을 수 있을 정도의 말이지만, 이 말은 상대방 신분이나 사회적 지위가 자기보다 훨씬 높은 사람에게 사용되는 말로 일반적으로 회사 사장과 사원 관계에서는 조금 경망스럽게 느껴지는 말투다. 평상시는「いただく」나「ちょうだいす

る」정도로 표현해도 충분한 상대방에게 지나친 경의를 표하는 것이 된다. 다만 비즈니스 문서에서는 관용적인 말 가운데 「いつもご愛顧を賜り、ありがとうございます」와 같이 이 「賜わる」라는 말을 많이 사용하고 있으므로 익혀 두는 것이 좋다.

앞에서 예시한 「ご意見を賜ってください」라는 표현은 「賜わる」라는 말과 「くださる」라는 말이 조화를 이루지 못하고 있는 것으로 「賜わりたく存じます」라든가 「お開かせください」라는 말로 바꿔 말의 균형을 유지하도록 하여야 한다.

15. 「行く」의 겸양어 → あがる

「課長は係長のお見舞いに、いつあがられますか」

「あがる」라는 말은 먹는다고 할 때는 존경어이고, 「行く」라고 할 때는 겸양어가 된다. 최근에 먹는다는 뜻으로 그보다 더 정중한 말인 「召し上がる」를 쓰는 사람이 점점 많아지고 「あがる」를 쓰는 사람은 별로 없는 것 같다. 젊은이들 사이에서 「お酒を上がる」라는 정도로 사용되고 있다.

거래처와 상담할 때 「明日、必要な書類をおとどけにあがります」라는 말의 「あがる」는 「行く」의 겸양어로 「参る」 또는 「うかがう」와 뜻이 같은 말이다.

앞에서 예시한 「課長は係長のお見舞いに、いつあがられますか」는 잘못된 말이다. 그 이유는 윗사람에게 겸양어를 사용한 말이다. 따라서「いつあがられますか」로 말하지 말고「いついらっしゃいます か」라고 표현하는 것이 무난하다.

16.「会う」의 겸양어 → お目にかかる

「ぜひ一度、お目にかからせていただきたくお願い申し上げます」

윗사람에게 만나자고 할 때「お会いする」또는「お目にかかる」라 는 말을 사용한다.「先日、おたくの鈴木部長にお目にかかりました」 는「お会いしました」라고 바꿔 말해도 결례는 아니다. 하지만「お会 いする」는 단순히 얼굴만 맞대면한다는 느낌이고「お目にかかる」라 고 하면 약간 친밀감을 주면서 존경도도 높이는 표현이라 할 수 있다.

처음 만나서 인사할 때「お初にお目にかかります」라고 하는데, 이 말을「初めてお目にかかります」로 바꿔 말해도 상관은 없다. 오히려 젊은 사람들에게는 이 말이 쉬울지도 모른다. 이외로「お目文字す る」라는 말도 있지만 요즘은 전혀 사용되지 않는 말이다.

앞에서 예시한「ぜひ一度、お目にかからせていただきたくお願い 申し上げます」라는 말은 지나치게 경어가 겹쳐져 너무 완곡한 말이 되었다.「お目にかかりたくお願い…」정도로 말하는 것이 무난한 표 현으로 생각된다.

17. 「見せる」의 경양어 → 「ご覧に入れる」

「見苦しいところをご覧に入れて、申しわけありません」

「ご覧に入れる」는 「見せる」의 겸양어로 「ご覧になる」처럼 높은 경의를 가지고 있었지만 요즘은 일상적 용어가 되었다. 사용법은 「お目にかける」의 사용법과 같다. 「ご覧に入れる」라는 말은 어쩐지 딱딱한 느낌이 들어 「課長、ご覧に入れたい資料があるのですが…」라는 말과 「課長、お目にかけたい資料があるのですが…」라는 말을 비교할 때 「課長、ご覧に入れたい資料があるのですが…」라고 말하면 윗사람 앞에서 너무 긴장하여 황공해 하는 인상을 준다. 「ご覧に入れる」는 공손한 표현으로 편지 쓸 때 「お目にかける」보다 더 많이 사용한다.

앞에서 예시한 「見苦しいところをご覧に入れて、申しわけありません」과 같은 말은 문법적으로 틀린 말은 아니지만 너무 딱딱한 느낌이 들어 본래의 「ご覧に入れる」와 같은 말이 아니므로 「お見せして」라는 말로 바꿔 표현하는 것이 바람직하다.

18. 「見せる」의 겸양어 → お目にかける

「お客様、新商品を見せましょう」

「見せる」의 겸양어로 「お目にかける」 또는 「ご覧に入れる」라는

말이 있지만 많이 사용되는 것은「お目にかける」다.「お見せする」라는 말도「見せる」의 겸양어지만「お目にかける」라는 말과 비교하면 존경도가 낮고 상대방에 따라서는 결례를 하게 되는 경우도 있다. 특히 거래처나 윗사람에게 무엇을 보여 줄 때「新製品をお見せしましょう」라고 하면「見せてやるのだ」라는 느낌을 주어 오히려 무례하게 들릴지도 모른다. 그러므로「わが社の新製品をお目にかけたいと思います」또는「新製品の見本は、来週にはお目にかけられると思いもす」와 같이 정중도가 높은「お目にかける」라는 말을 사용하는 것이 좋다.

앞에서 예시한「お客様、新商品を見せましょう」처럼「見せましょう」라는 말로 표현하면 친구들에게 이야기하는 것과 같이 되어 고객에게는 실례가 되는 말이다.

19.「見る」의 겸양어 → 拝見する

「課長、この企画書を拝見してください」

「見る」의 존경어가「ご覧」인 데 대하여「拝見」은 그의 겸양어다.「拝」는「おがむ」이지만「拝」가 붙는 말은 겸손을 뜻하는 것처럼 된다.「拝見」이외의「拝読」,「拝借」,「拝受」와 같은 말 역시 겸양어다. 이보다 더 어려운 표현으로는「拝顔」또는「拝謁」라는 말도 있지만 별로 사용하지 않는 말이다.

편지 쓸 때「拝啓」라는 말은「述べる」라는 말의 겸손한 표현이다.

「啓」는 「述べる」라는 뜻이다. 「拝見する」를 더 겸손하게 하자면 「拝見いたす」라는 말로 표현할 수 있다.

윗사람으로부터 무엇인가 지시를 받았을 때 「この書類は、さっそく拝見いたします」라고 하면 상당히 정중한 말투가 된다. 매일 얼굴을 맞대고 있는 과장이 상대방이라면 「さっそく拝見します」라고 하여도 좋으나 거래처와 상담할 때는 「すばらしいパンフレットですね、ちょっと拝見させていただきます」와 같이 말하면 이때의 「拝見させていただく」와 같은 말은 사역형으로 단순하게 「拝見する」라고 말하는 것보다 정중도가 상당히 높은 말이 된다.

「見る」의 겸양어로 「見せていただく」라는 표현도 있지만 「拝見する」와 비교할 때 경의가 낮은 표현이다. 「拝見する」는 한문 투의 말이므로 보통 대화할 때 사용하면 딱딱한 느낌을 주지만 부장과 같이 지위 격차가 많은 사람과 대화할 때 「見せていただく」라는 말을 사용하면 역시 가볍다는 느낌이 든다.

앞에서 예시한 「課長、この企画書を拝見してください」와 같은 말은 「ご覧になってください」라는 존경어로 표현하는 것이 좋다. 상사에게 「拝見する」라는 겸양어로 사용하였을 경우는 상사를 낮추어 표현하게 된 것이다. 그러나 「拝見する」를 「見る」의 존경어로 생각하는 사람이 아직도 많으므로 「拝見してください」식 착오는 앞으로도 계속될 것 같다.

20. 「思う」의 겸양어 → 存じます

「ご多忙中とは思いますが」

거래처에서 식사하자고 연락이 왔을 때 사정이 있어 부득이 거절하여야 하는 경우 「都合が悪くて行けません」하고 간단히 말하면 좋게 생각하지 않을 것이다. 불가피하게 거절할 수밖에 없다 하여도 「次回は、ぜひご一緒させていただきたいと存じます」와 같이 한마디 덧붙여 이야기하는 것이 좋다.

「存ずる」는 「思う」, 「知る」의 겸양어지만 「存じます」라는 말은 이보다 더 정중한 표현이 된다. 그렇지만 경우에 따라서는 「次回は、ぜひご一緒させてください」정도로 말하는 것이 오히려 자연스러울 때도 있다. 다만 편지 쓸 때 「光栄に存じます」라든가 「幸運に存じます」또는 「失礼とは存じますが」등 여러 가지 말을 사용하고 있으나 비즈니스 문서는 상대방에게 결례하는 것보다 지나칠 정도로 정중도가 높은 말을 사용하는 것이 좋은 것으로 생각하여 「存じます」와 같은 말을 많이 사용한다.

앞에서 예시한 「ご多忙中とは思いますが」와 같은 말은 균형을 이루지 못한 표현으로 보인다. 거래처 등에 보내는 문서는 「ご多忙中とは存じますが」와 같이 앞뒤 말의 균형을 맞추어 확실하게 쓰는 것이 좋다.

21. 「知る」의 겸양어 → 存じます

「部長は存じていらっしゃいますか」

윗사람이 무엇인가를 물었을 때 「わたくしは存じませんが」라고 하는 말은 「知りません」이라는 말보다 정중도가 상당히 높다. 외부에서 문의전화가 왔을 때 「わたくしは存じませんが、係りの者と代わります」라고 말하면 「知りません」이라는 말보다 훨씬 좋은 느낌을 준다.

그러나 평소 친하게 지내는 상사나 거래처에서 물었을 때 갑자기 「存じません」이라고 대답하면 오히려 저항감을 갖게 할 수도 있으므로 「聞いておりませんでした」라는 표현이 적정할 때도 있다. 이런 말은 경어 상식에서도 말한 "T. P. O"에 의하여 적정한 말을 골라서 사용하는 것이 중요하다.

앞에서 예시한 「部長は存じていらっしゃいますか」라는 말은 윗사람에게 경의를 나타내려고 「いらっしゃる」를 붙인 말이지만 겸양어인 「存じる」에 존경의 조동사를 붙여 보아도 존경어는 되지 않는다. 「ご存じでいらっしゃいますか」라고 말하여야만 존경어가 되는 것이다.

22. 「思う」, 「知る」의 겸양어 → 存じあげる

「A社の鈴木様を存じあげていらっしゃいますか」

「存じあげる」는「存ずる」의 정중한 말로 약간 고풍스런 말씨다. 거래처로 보내는 문서에 사용하는「ご多忙中とは存じますが…」라는 말은 상당히 높은 지위에 있는 상대방 이외는「存じます」라고 말하여도 상관은 없다. 오히려「存じます」라고 하는 편이 일반적일지도 모른다.

「A社の鈴木様は、私どもも存じあげております」와 같은 말은 자기도「鈴木様」와 안면이 있다는 것을 나타내려 한 말이지만 여기의「鈴木様」는 자기 자신이나 상대방보다 더 지위가 높은 윗사람일 것이라는 뉘앙스가 포함되어 있는 것이다.

앞에서 예시한「A社の鈴木様を存じあげていらっしゃいますか」라는 말은 표현 자체가 어색할 뿐만 아니라 상대방에게 겸양어인「存じあげる」라는 말을 써서 겸손하게 만든 꼴이다. 보통「ご存じですか」라는 정도로 말하는 것이 좋다. 좀 더 정중한 표현을 하려면「ご存じでいらっしゃいますか」라는 말로 바꿔 표현할 수도 있다.

23. 「伝える」의 겸양어 → 申し伝える

「ご連絡をいただきたいと、鈴木課長に申し伝え下さい」

「申す」는「言う」의 겸양어지만 동사에「申し」가 붙으면「申し伝える」,「申し受ける」,「申しかねる」,「申し聞かす」등과 같이 동사는 겸양어가 된다. 전화를 받아 전해 줄 때「お電話のあったこと、課長の鈴木に申し伝えます」라는 말이나, 상사와 말할 때「ただ今の部長

のお話は、わたくしから課の者たちに申し伝えます」와 같은 말은 「伝える」를 겸손하게 표현한 말이다.

거래처와 상담할 때 「申し遅れましたが、私どもの課長からもよろしくとのことです」라는 말처럼 「言い遅れる」라는 말의 겸양어로도 많이 쓰는 말이지만 비즈니스맨이라면 「言い忘れましたが」와 같은 말은 사용하지 않는 것이 좋다.

앞에서 예시한 「ご連絡をいただきたいと、鈴木課長に申し伝え下さい」는 상대방을 낮추어 겸양시킨 말이므로 당연히 「お伝えください」라고 하는 존경어를 써야 한다. 「申し込み」, 「申し越し」, 「申し出る」와 같은 말처럼 동사에 「申し」를 붙여도 겸양어가 안 되는 말들이 있다. 「こちらにお申し込みください」라는 말은 「申す」에 겸양의 뜻이 남아 있지 않으므로 위화감 없이 사용할 수 있는 말이다.

24. 「受ける」, 「聞く」, 「承諾する」의 겸양어 → 承る

「課長の鈴木から承ってまいりました」

「うけたまわる」라는 말은 현재 「承る」라고 한문글자 하나로 쓰지만 원래는 「受け~たまわる」라는 형식으로 「受ける」에 「たまわる」라는 최상 경어가 붙어 있었던 표현으로 대단히 정중한 말이었다. 예로 전화를 받아 전해 줄 때 찾는 사람이 부재중인 경우에 「わたくしがご用件をうかがいますが」라고 말하는 것보다 「わたくしがご用件を承りますが」라고 표현하는 것이 훨씬 더 정중한 말이 된다.

「その件は、だれが承りましたでしょうか」라는 말은 「受ける」 뜻의 「承る」라는 표현이다. 이전에 주문을 하거나 상의를 하였던 손님이 다시 연락하였을 때 말의 내용에 따라 먼저 동화하였던 사람이거나 담당자가 아니면 대답할 수 없는 일이 생길 수도 있다. 그런 경우 「前回はだれが聞きましたでしょうか」와 같이 말한다면 너무 차갑게 들릴지도 모른다. 손님에게 경의를 나타내기 위하여서는 「承りましたでしょうか」라고 자기를 낮추어 말하여야 한다. 「課長のご意見を承りたいのですが」라고 할 때는 「聞く」의 뜻인 「承る」이고 「ご用件、たしかに承りました」라고 할 때는 「承諾する」라는 뜻의 「承る」인 것이다.

때와 장소에 따라 정중도가 지나치면 오히려 어울리지 않을 수도 있다. 책상을 나란히 하고 일하는 과장에게 갑자기 「課長のご意見を承りたいのですが…」와 같이 말하면 과장에게 무슨 불만이 있는가, 싸움을 걸어오려고 하는 것은 아닌가 하고 불안하게 생각할지도 모른다. 그러나 말하는 상대방이 똑같은 과장일지라도 사장이나 간부들이 출석한 회의석상에서는 이러한 공손한 말투도 필요할 때가 있다.

앞에서 예시한 「課長の鈴木から承ってまいりました」는 말하는 상대방이 거래처 사람이라면 이상한 말이 된다. 자기 회사 과장을 지나치게 존경하는 말이 되기 때문에 이 말은 「聞いてまいりました」 정도의 표현으로도 충분할 것으로 생각된다.

25.「いい」의 겸양어 → 結構です

「部長、お支度はもう結構ですか」

「日光を見ずして結構というなかれ」라는 말과 같이「結構」는「よい」의 뜻을 가진 말이다. 예로「この書類は、これで結構です」라는 말은「これでいい」라는 말과 같다.「いまのご説明で、わたくしどもも十分に納得できましたので、この件は、もう結構です」라는 말은「この件はもうやらなくていいです」라는 부정적인 뜻을 지니고 있다. 이와 같이「結構」는 긍정적인 뜻과 부정적인 뜻 두 가지로 해석할 수 있는 애매한 말이어서 사람들에게「結構ですか」라고 물어볼 때 상대방은 어리둥절할 것이다. 이런 때는「よろしいですか」라고 하든가「よろしゅうございますか」라고 물어보는 것이 좋다.

특히 앞에 예시한「部長、お支度はもう結構ですか」와 같이 상사에게「結構ですか」라고 물어보는 것은 이상하므로 역시「よろしいですか」라든가「よろしゅうございますか」라고 물어보는 것이 좋다.

26.「知らせる」,「告げる」의 겸양어 → お耳に入れる

「もうお耳にはいっていることとおもいますが」

일본 소설가 野村胡堂이 지은「銭形平次捕物帳」은 일본 에도(江戸)시대의 포졸 끄나풀인 부하가「親分、てえへんだ!」라며 뛰어드는

장면부터 시작된다. 이것을 비즈니스 현대판으로 말한 것이 「お耳に
いれておきたいことがあるのですが、いまよろしいですか」라고 생
각하면 된다.

「お耳に入れる」는 「知らせる」 또는 「告げる」의 겸양어지만 "은밀
히 알리다"라는 뜻도 있으므로 약간 특수한 표현이라고도 할 수 있어
보통 「ご報告したいことがあるのですが」라는 표현이 무난하다. 반
대로 이야기가 오보였거나 상대방에게 별로 기분이 안 좋은 이야기
를 했을 때 「つまらないことをお耳に入れて、申しわけありません」
과 같이 사과를 하게 된다.

앞에서 예시한 「もうお耳にはいっていることとおもいますが」라
는 말의 「お耳にはいる」라는 말은 좀 이상하다. 「耳に入れる」라고는
하지만 「お耳にはいる」라는 말은 적절하지 않다. 따라서 「すでにお
聞きになっていることと思いますが」와 같이 말하는 것이 어울린다.

27.「受ける」,「もらう」의 겸양어 → あおぐ

「営業部の人たちのご協力をあおぎ、調査は順調に進んでおります」

「空をあおぐ」라든가 「天をあおぐ」처럼 「あおぐ」의 본래 의미는
위쪽에 있는 것을 보기 위하여 얼굴 또는 상체를 위로 향한다는 말이
다. 경어로서의 뜻도 여기에서 유래된 것으로 높은 자리에 있는 사람
을 향하여 지시나 가르침을 바란다는 뜻이다. 이 말은 존경도가 너무
높아 최근에 별로 쓰지 않는 말이다. 다만 「部長の指示をあおいでく

ださい」또는「本日の社員懇談会では、社長のご出席をあおいで、盛会のうちに…」와 같이「指示をあおぐ」,「ご協力をあおぐ」또는「ご臨席をあおぐ」와 같은 관용어는 외워 두도록 한다.

앞에서 예시한「営業部の人たちのご協力をあおぎ、調査は順調に進んでおります」는 영업부 가운데 영업부장과 같이 높은 사람이 끼었다면 몰라도 일반사원의 협력만 얻은 것이라면 지나친 표현이다.「営業部の人たちにもご協力いただいて」라고 하든가「営業部の人たちにも協力していただいて」라는 정도로 표현하는 것이 좋다.

28.「聴く」의 겸양어 → 拝聴する

「つたない意見をご拝聴いただき、ありがとうございます」

「拝聴」란 말은「聴く」의 겸양어다.「拝」가 붙으면 자기를 낮추는 겸양어가 된다는 것은 먼저「拝見する」라는 항목에서 배운 바와 같다. 그러나「拝聴」는 약간 딱딱한 느낌을 주므로 이 말을 사용할 때「社長の訓示を拝聴して、わたしが感じましたのは…」라든가「昨日、おたくの社長の講演を拝聴いたしました」와 같이 말을 한 사람이 매우 높은 지위에 있거나 그렇지 않으면 격식을 차려야 할 경우 또는 서신을 작성할 때 등에 한정되는 것 같다. 특히 젊은 사람이「課長の朝礼の言葉を拝聴したところ」와 같이 말하면 조금 안 어울리는 느낌마저 든다. 보통 대화할 때는「お聞きする」또는「うかがう」라는 표현으로도 충분하다.

앞에서 예시한「つたない意見をご拝聴いただき、ありがとうございます」라는 말도 듣는 사람을 너무 겸손하게 만들어 말하는 사람이 듣는 사람을 내려다보는 말이 된 것으로, 이때는「ご清聴」라고 표현하는 것이 좋다.

29. 윗사람의 이야기나 배려를 받았을 때의 겸양어 → あずかる

「課長、鈴木部長からおほめにあずかったそうですね」

파티석상의 인사말로는「今日は、おいそがしいところ」라는 말보다「本日は、おいそがしいところ」라는 말로 표현하는 것이 훨씬 더 경의를 느낀다.「本日」는 경어라고 할 수 없지만 경의를 표현하는 것으로 되어 있다.「あずかる」라는 말 역시 경어는 아니지만 상당히 경의를 나타내는 말로 보통 격식을 차려야 할 장소에서 많이 쓰인다.

예를 들어 파티석상에서 인사할 때와 같이 격식을 차려야 하는 장소에서는「ただいま、鈴木様より過分なおほめにあずかりましたが」와 같이「おほめをいただきました」라는 말보다「おほめにあずかりました」라는 말이 더 어울린다. 이「あずかる」는「おほめにあずかる」라든가「お引き立てにあずかる」라는 말 이외에「ごひいきにあずかる」라는 말 정도로 사용되고 있지만 관용구로서 기억해 두면 좋은 말이다.

이러한 경의 표현으로「こうむる」라는 말도 있다. 사용법도 같아「お引き立てをこうむる」또는「ごひいきをこうむる」와 같이「あず

かる」와 바꿔서 사용할 수도 있다.

앞에서 예시한「課長、鈴木部長からおほめにあずかったそうですね」는 말하는 상대방 과장보다 높은 지위에 있는 사람이 말한다면 모르나 윗사람에게「ほめられたそうですね」라고 말하는 것은 결국 실례이면서 놀린다는 오해를 받을 수도 있다. 이 말은「鈴木部長もご満足だったようです」또는「満足していらっしゃったとうかがいましたが」와 같이 표현하는 것이 바람직하다.

30. 우리들 또는 우리 회사의 겸양어 → わたくしども

「うちでは、その商品を扱っておりません」

자기가 찾고 있는 물건을 백화점에서 팔고 있는지 물어보았을 때「わたくしどもでは、あいにくその商品は扱っておりません」과 같이「わたくしどもでは」라고 하면 즉시 알아차리지만, 앞에서 예시한「うちでは、その商品を扱っておりません」과 같이 말하면 상대방 신경을 건드리는 말투로 사원교육이 잘 안 된 것으로 생각할 것이다.

비즈니스에서 이러한 실수는 작은 일이 아니다.「ども」라는 말은 복수를 나타내는 접미어로도 사용하지만 본래 겸손하게 말할 때 사용한다. 따라서 비즈니스 현장에서「わたくしども」라고 하면 우리 회사를 가리키는 겸손의 뜻을 나타내는 말이다.「わたくしども」를 더 겸손하게 하는 말로「てまえども」라는 말도 있다. 요즘은 상당히 나이가 많은 사람이 아니면 사용하지 않는 말로 젊은 세대들은 모르는 사람도 많다.

이「ども」에 대하여「たち」라는 말은 원래 상대방을 존경하는 의미도 있었으나 최근에「子どもたち」라는 것처럼「たち」가 단순히 복수의 뜻으로만 사용되는 일이 많고「ども」와「たち」의 구별도 불확실하여 1인칭 복수형은「わたしたち」나「わたくしたち」를 사용하는 것이 일반적이다. 또 회사 안에서 사원들끼리 말할 때라면 몰라도 외부사람과 이야기할 때는 역시「わたくしども」라는 말을 사용하는 것이 좋다.

「私どもの社長は、こう申しておりますが」라는 말을「私たちの社長」라고 표현한다면 이상한 일본어로 들릴 것이다. 앞에서 예시한 말 가운데「うちでは」라는 말도 자기가 속하는 단체를 가리키는 말이지만 겸양의 뜻은 전혀 없어 상대방을 내려다보는 인상을 주는 말이다.

31. 자기 회사에 대한 겸양어 → 小社

「わが社の商品目録をお送り申し上げます」

외부로 보내는 문서에 자기 회사를 가리키는 말로「小社」라는 말을 많이 쓴다. 이 말은 "변변치 않은 회사"라는 뜻으로 회사 규모가 크다, 작다가 아니라 자기 회사를 겸손하게 낮춘 말이다.

「小社の商品目録をお送り申し上げます」와 같은 말은 서신에서 쓰는 문장어이고 대화할 때는 쓰지 않는다. 대화 시에는「わたくしども」라고 한다.「小社」라는 말보다 더 겸손한 표현으로는「このたび

は弊社製品をお買い上げくださいましてありがとうこざいます」と
같이 말하는 「弊社」다.

「弊社」의 「弊」는 「破れた」 또는 「ボロボロ」라는 뜻으로 약간 딱딱한 느낌을 주기 때문에 「あいにくですが、当社では、その商品は扱っておりません」과 같이 요즘은 「小社」 또는 「当社」라는 말을 많이 쓰고 있다. 「当社」라는 말에 겸양의 뜻은 없지만 한문 투의 격식 차린 말로 느껴져 결례되는 말은 아니다.

앞에서 예시한 「わが社の商品目録をお送り申し上げます」라는 말의 「わが社」라는 말은 조금 거만한 느낌을 주는 표현으로 피하는 것이 좋다.

32. 「承諾する」의 겸양어 → かしこまりました

「商品Aを百個でございますね。はい、よろしいです」

「かしこまりました」라는 말은 "삼가 승낙한다"의 뜻으로 「承りました」 또는 「承知しました」라는 말보다 존경도가 더 높다. 「商品Aを百個でございますね。はい、かしこまりました」와 같이 「かしこまりました」는 전화로 주문을 받거나 상사 지시를 확실히 들었다고 할 때의 「かしこまりました」와 똑같다.

앞에서 예시한 「はい、よろしいです」와 같은 말은 확실히 들었다는 느낌은 주지만 때에 따라서 지나치게 버릇없다는 느낌도 준다. 특히 윗사람으로부터 지시를 받았을 때 「かしこまりました」라는 대답은 괜찮다고 하는 사람도 있지만 상대가 사장과 같이 자기보다 훨씬 상위에 있는 상사라면 몰라도 매일 얼굴을 맞대고 있는 과장에게 「かしこまりました」라는 대답은 약간 지나친 존경 표현이 될 수도 있다.

그러나 「はい」만으로는 용건이 확실하게 전달되었는지 잘 알 수 없어 상대방도 불안하므로 최근에는 「はい、わかりました」와 같은 말을 많이 쓴다. 그러나 이 말도 자세히 분석하여 보면 우스꽝스러운 대답이다. 예를 들면 상사로부터 「~してくれ」라고 지시를 받았을 때의 대답은 「はい、いたします」라고 말하겠지만 이것도 어딘지 안정성이 없는 말투다. 상사 지시를 받았을 때의 적절한 대답은 대단히 어렵다. 이때는 복창하는 방법도 있다. 「お茶をもってきてください」라고 상사가 말하였을 때 「はい、お茶をもってまいります」라는 식으로 이야기하면 무난하다.

33. 「する」의 겸양어 → させていただく

「先方の社長にお目にかからせていただくことができ…」

「させていただく」는 「する」의 겸양 표현이다. 「させる」에 「もらう」의 겸양어 「いただく」가 붙은 말이지만 이 말은 일본 간사이 지방의 사투리 「まけさせてもらいまっさ」라든가 「考えさせてもらいまっさ」와 같은 말에서 파생한 것으로 보고 있다. 「この件については、考えさせていただきたいのですが…」라는 말은 거래처에 생각할 시간을 좀 달라는 말이고, 「途中経過を、わたくしのほうからご報告さ

せていただきます」라는 말은 무엇인가 보고를 할 때의 정중한 말이다. 「させていただく」의 뜻으로 "한다"는 행위를 하는 사람은 자기지만 상대방 의향을 존중한다는 뉘앙스가 있으므로 정중한 감을 주는 것이다.

그런 이유에서인지 비즈니스 문서에서는 지나칠 정도로 빈번하게 많이 사용하고 있다. 예로 「書類をお送りさせていただきます。詳しいことは、後ほどご説明させていただきますが…」와 같이 많이 사용하고 있다. 이러한 말은 「お送りいたします」 또는 「ご説明いたします」라는 말로 사용하여도 경의는 충분히 표현되는 것이므로 「させていただく」라는 말의 지나친 남용은 삼가는 것이 좋다.

은행이나 백화점 등에서 자주 눈에 띄는 「お休みさせていただきます」라는 말도 지나친 겸양이라는 사람도 많다. 이런 말은 「お休みします」라든가 「お休みいたします」 정도로 표현하여도 충분할 것이다.

앞에서 예시한 「先方の社長にお目にかからせていただくことができ…」의 「お目にかからせていただき」라는 말은 틀린 말은 아니지만 「お目にかかる」라는 말이 길어 전체적으로 확실한 감이 들지 않고 흐릿한 느낌이 든다. 이런 때는 「おめにかかることができて」라고 말을 줄여 확실하게 하는 것이 바람직하다.

34. 「お+동사연용형+する」로 겸양어를 만드는 말 → お~する

「こちらでお待ちしてください」

「お+동사연용형+する」로 겸양의 뜻을 나타낸다.「お客様、お荷物をお持ちしましょう」와「社に戻りましたら、ご連絡いたします」라고 할 때「お持ちする」나「ご連絡する」는 자기 자신의 행위다. 이「お~する」는 자기 자신의 동작에 붙는 것이지만, 이런 형식은 모든 동사에 다 사용될 수 있는 것은 아니다.

예를 들면「お眠りする」라든가「お帰りする」라는 말에는 쓰지 않는다. 왜냐하면「お~する」형식의 말은 존경하는 상대를 필요로 하는 겸양 표현이므로 상대방에게 무엇인가 하여 주는 동작을 나타내는 동사 이외에 붙이면 반드시 부자연스러운 표현이 된다. 윗사람이 음식물을 내놓고 먹기를 권하였을 때「お食べします」라는 말보다「いただきます」라고 하는 것이 일반적이다.

앞에서 예시한「こちらでお待ちしてください」의「お待ちしてください」는 겸양 표현을 존경 표현으로 사용한 예다.「お~する」라고 할 때는 상대방에게 무엇인가 해 주어야 할 동작을 나타내는 동사 이외에 사용하지 않는다는 것을 알았다면 틀리지 않았을 것이다.「お待ちください」또는「お待ちになってください」라고 하는 것이 정답이다.

「社に戻りましたら、ご連絡いたします」의「ご連絡いたします」라는 말도「お~する」를「お~いたす」라고 하는 겸양어를 사용하여 경의가 상당히 높아진 말이다.「荷物をお持ちしましょう」라는 말은 사람에 따라 조금 결례라고 생각되면「お荷物をお持ちいたしましょう」라는 말로 사용하는 것이 좋다.

35.「してくる」、「していく」의 겸양어 → ~して参ります

「パーティには、どなたが出て参られますか」

「参る」는「来る」,「行く」의 겸양어지만「~してくる」,「~していく」라는 말도「参る」를 사용하여 겸양 표현을 한다. 예로「努力していく」,「行ってくる」,「呼んでくる」에서「いく」,「くる」는 보조적인 표현이지 특별한 의미는 없다.「行ってくる」라고 말하였다 하여 갔다가 다시 이쪽으로 돌아온다는 말이 아니고 단순히 간다는 말인 것이다.

그러나 이런 보조적 표현의「いく」,「くる」를「参る」로 바꿔「努力して参る」,「行って参る」,「呼んで参る」라고 말하면 모두 겸양 표현이 된다.「皆様のご期待に添えるよう、社員一同努力してまいります」라든가「A社に行って参ります」라는 말은 그러한 예의 하나다.

앞에서 예시한「パーティには、どなたが出て参られますか」의「参る」는 존경 표현이 아니므로「出ていらっしゃいますか」라고 표현하여야 한다.

36.「する」의 겸양어 → いたします

「部長、どういたしますか」

「する」라는 말을 겸손한 말로 표현하려면「いたす」가 된다.「この件に関しては、部長の佐藤がいたすことになっております」라든가,

「わたくしが、ご説明いたします」라는 말은 각각「佐藤がする」라는 말과「說明する」라는 말을 겸손하게 표현한 것이다.

자기 회사 밖의 사람과 이야기하는 것이므로 자기 또는 자기 회사 사람에 관한 사항은 겸손하게 말하여야 한다.「わたくしが、ご説明いたします」라는 말은「ご説明する」또는「ご説明します」라는 말로 바꿔 말할 수도 있다. 이들 모두 겸양 표현이지만「ご説明いたします」라는 말이 훨씬 더 정중한 표현이다.

「当社といたしましては、お引き受けいたしかねます」라는 표현도「当社としては」또는「当社としましては」라고 바꿔서 말할 수도 있지만 상대방의 요구사항을 거절할 때는 정중한 표현을 써서 죄송하다는 뜻을 밝힌다면 상대방의 불쾌감도 감소하게 될 것이다.

앞에서 예시한「部長、どういたしますか」라는 말은 부장을 겸양시킨 모양이 되어 결례가 된다. 이런 말은「どうなさいますか」와 같이 존경 표현을 사용하여야 한다.

37.「言いつかる」의 겸양어 → 仰せつかる

「今日は、私どもの部長からことづてを仰せつかってまいりました」

「仰せ」라는 말은 일본 사람들조차 지금까지 한 번도 말해 본 일이 없다고 하는 사람이 많다. 이 말은 상당히 허세가 많은 말투다. 일반적으로 거의 사용되지 않는 말이지만 격식을 차려야 할 장소나 편지 쓸 때 아직도 사용하는 사람이 있다.

「このたび、幹事という大役を仰せつかりまして…」라는 말은 파티석상에서 사회자나 간사가 인사할 때 관용으로 사용하는 인사말이다. 이 「仰せつかる」는 「言いつかる」라는 말의 겸양 표현이다. 「何なりと仰せつけてください」와 같이 「仰せつける」라고 말하면 「いいつける」의 존경어가 되는 것이다.

「仰せの件については、目下、調査をすすめております」라고 하는 말은 「おっしゃった件」을 정중하게 표현한 말이다. 앞에서 예시한 「今日は、私どもの部長からことづてを仰せつかってまいりました」는 다른 회사 사람에게 자기 회사 부장을 존경어로 표현한 것이다. 이 말은 「言いつかって参りました」 정도로 말하는 것이 좋다.

38. 「来てもらう」의 겸양어 → おいでいただく

「お忙しいところおいでいただき、ありがとうございました」

「おいで」는 원래 「出ること」라는 말의 존경어였다. 거기에서 「行くこと」, 「来ること」, 「戻ること」의 존경어가 된 것이다. 「おいでいただく」라는 말은 「来てもらう」의 존경 표현으로 「来ていただく」보다도 더 정중한 말이다. 「おいで」는 이밖에도 「行く」의 뜻으로 「あちらの社においでのおりは鈴木課長によろしく」라든가, 「居る」의 뜻으로 「部長は今おいでになりますか」처럼 표현하기도 하지만, 이밖에 「じっと静にしておいで」와 같이 명령이나 요구를 나타내는 경우도 있다.

거래처와 상담하는 경우「一度当社のほうへおいでいただけない
でしょうか」라는 말을 들은 후 자기 회사를 찾아왔을 때 과장에게
「課長、来てもらいました」라고 하면 설사 그 찾아온 사람이 같은 자
리에 없다 하여도 난폭한 말이다.「課長、A社の○○さんがおいでく
ださいました」또는「○○さんにおいでいただきました」와 같은 말
을 사용하는 것이 좋다.

앞에서 예시한「お忙しいところおいでいただき、ありがとうござ
いました」는 틀린 것이 없는 것 같으나 조금 이상한 표현이다. 이 말
을 평이하게 말하면「来てもらってありがとう」라는 말이 된다. 이「いた
だく」는「もらう」의 겸양어이므로 상대방을 주체로 하는 것이라면
「くれる」의 존경어「くださる」를 사용하여「おいでくださり、あり
がとうございました」라고 말하는 것이 올바른 표현이다.「くれる」는
「下さる」라고 표현하여 상대방을 손경하는 표현을 만들고,「もらう」
는「いただく」라는 표현으로 자기를 겸손하게 낮추는 말이 되는 것
이다. 이러한 차이를 잘 익혀 두면 이상한 말의 잘못된 사용을 많이
줄여 줄 것이다.

39.「わかってもらう」의 겸양어 → ご理解いただく

「課長、この説明でおわかりになりましたか」

윗사람이나 거래처 사람에게 무엇인가를 설명한 다음「この説明
でよろしいでしょうか」또는「この説明でおわかりでしょうか」하

고 상대방의 이해 정도를 물어볼 때 주의가 필요하다는 말을 많이 한다. 「わかったか」라는 말은 이해가 안 될 것이라는 말과 같이 듣는 사람 기분을 상하게 하는 말이다.

앞에서 예시한 「課長、この説明でおわかりになりましたか」라는 말은 문법적으로 잘못은 없으나 상대방 기분을 해친다는 뜻으로서의 오용인 것이다. 이런 때는 「この説明でご理解いただけましたでしょうか」 또는 「この件については、ご理解いただけましたでしょうか」와 같이 표현하는 것이 적절하다.

그러나 이런 표현도 약간 딱딱한 느낌이 든다는 사람도 있으므로 자기 설명에 대하여 좋았는지 여부를 판단하도록 상대방에게 묻는 방법도 있다. 예로 「おわかりにならないことはありませんか」 또는 「説明不足のところはなかったでしょうか」와 같이 부드러운 말을 사용하는 것이 좋다. 상대방에게 말한 설명이 좋았는가 여부만 묻는 것으로 이해력 정도를 묻는 것이 아니기 때문에 그렇게 불쾌한 말은 아닌 것이다.

윗사람이나 거래처에 설명하여 상대방이 이해하였는지 여부를 신입사원으로서 묻는다는 것은 상당히 어려운 일이다. 그러나 경어는 상대방을 존경하는 마음을 가지고 있기 때문에 상대방을 이해시키려고 열심히 설명한 뒤에는 설령 「この説明でおわかりになりましたか」라고 묻는다 하여도 불쾌하게는 생각하지 않을 것이다.

정중어 상식

ございます」부터「恐縮です」까지

1. 「言いつける」의 정중어 → 申しつける

「係りの者になんなりと申しつけられてください」

「申しつける」는 요즘 젊은이들이 잘 사용하지 않는 말이다. 「言い
つける」의 정중한 말로는 「どうぞなんなりとお申しつけください」
와 같이 말하는 경우가 많다. 음식점 같은 접객업소에서 자주 쓰는
말로 「お客様の注文があれば、どんなことでもします」와 같은 뜻이
다. 거래처 사람의 접대자리에서는 상대방을 즐겁게 하는 배려가 필
요하다. 특히 말석에 앉아 있는 사원이라도 「なんなりとお申しつけ
ください」와 같이 자진해서 살피는 마음가짐이 필요하다.

한편 「申しつけられた側」, 즉 분부 받은 쪽은 「申しつかる」또는
「申し受ける」라는 말로 나타낼 수 있다. 결국 「課長が(私に)申しつ
ける」라는 말과 「(私が)課長から申しつかる」라는 말은 똑같은 표현
이다. 「部長から、この仕事を申しつかりましたが」라는 말은 부장이
부탁한 일을 직속 상사에게 보고하는 장면이지만, 이와 같이 「申しつ
かる」라고 할 때 「お申しつかる」라고는 하지 않는다. 「申しつける」
라는 말은 분부하는 사람이 상대방이므로 「お」를 붙여 정중하게 말

하지만 「申しつかる」는 분부 또는 지시받는 사람이 자기이므로 「お」를 붙이지 않는다.

앞에서 예시한 「係りの者になんなりと申しつけられてください」라는 말도 분부하는 사람, 즉 「申しつける」하는 사람이 상대방이므로 「お申しつけください」라는 것이 정답이다. 이밖에 「申し聞かせる」와 같이 「申す」가 붙는 말은 일반적으로 겸양어가 되지만 「申し込む」나 「申し出る」와 같은 말은 도리어 겸양의 뜻이 흐려진다. 「申しつける」라는 말 역시 겸양의 뜻은 별로 없다.

2. 「できないこと」의 정중어 → いたしかねます

「わたくしどもでは、その件についてはわかりません」

다른 회사에 전화로 무엇을 물어보았을 때 「わかりません」 또는 「当社ではできません」이라는 대답을 들었다면 별로 기분이 안 좋을 것이다. 신청이나 요망사항을 거절할 때는 일방적으로 「わからない」 또는 「できない」라는 말보다 상대방이 이해할 수 있도록 정중한 말을 사용하여야 한다. 그때 관용적인 용어로 「いたしかねます」라는 말이 있다.

예를 들어 상대방 주문에 응할 수 없을 때 「その商品の在庫は切れておりまして、ご注文をお受けいたしかねます」와 같이 말한다. 또 다른 말로는 「ご注文に応じかねます」라고 하거나 「受注したしかねます」라는 말도 있지만 그 앞에 「あいにく」 또는 「申しわけありませ

ん」이라는 말을 붙여 「あいにくですが、お受けいたしかねます」와 같이 말하면 더욱 정중하다. 이렇게 이야기하면 상대방도 잘 이해해 준다.

또 문의에 대한 대답으로 「わたくしでは、わかりかねますので担当のものにかわります」라는 말의 「わかりかねる」는 「わからない」의 격식 차린 말로 「わかりません」보다도 더 정중하다. 그러나 갑자기 「わかりかねます」라고만 말하면 약간 퉁명스러운 말이 되므로 역시 「申しわけありませんが」와 같은 사죄의 말을 붙여 말하는 것이 좋다. 상대방이 터무니없는 말을 한 경우라도 「そんなことはできません」처럼 말하지 말고 「そのようなことはいたしかねます」라든지 「応じかねます」 또는 「承服いたしかねます」라는 말로 부드럽게 거절하여 일을 악화시키지 않도록 하는 것이 역시 비즈니스에서의 룰이다.

3. 보살펴 준 사람에 대한 감사의 인사말 → お世話になる

「どうも」

「いつもお世話になっております」라는 말은 전화할 때의 인사말이다. 대부분 회사에서는 처음 보는 상대방이라도 이렇게 대답하도록 지도하고 있다. 그 이유는 회사 안에서 많은 사원이 함께 근무하고 있으므로 언제 어디서 누구한테 신세를 지고 있는지 알 수 없기 때문이다.

이 말은 비즈니스 전화의 관용어라고 하여도 좋을 것이다. 또 이 말은 여러 가지 사용방법에 따라 용건을 부탁할 때는 「このたびは、お世話をおかけいたします」와 같이 말하고, 거래처로부터 접내를 받고 인사할 때는 「先日は、すっかりお世話になり、ありがとうございました」와 같이 말한다.

앞에서 예시한 「どうも」라는 말은 이 「お世話になる」를 포함하여 완전한 절차를 모두 생략해 버리고 「どうも」만으로 끝낸 것이다. 이 「どうも」는 아주 편리한 말로 외국 사람들이 처음 일본에 와서 기억하는 일본어라고 할 정도로 많이 사용하지만, 전화를 걸거나 인사할 때 「どうも」만으로 끝낸다면 사회인으로서는 실격이라 할 수 있다.

4. 자기를 가리킬 때의 정중어 → わたくし

「その仕事は、ぼくがいたします」

「わたくし」는 자기를 나타내는 가장 정중한 말로 남녀 공통으로 사용한다. 「わたし」라는 말은 「わたくし」와 비교하면 정중도가 떨어진다. 여성들이 많이 쓰는 「あたくし」는 비즈니스 현장에서 어울리는 말은 아니다. 똑같이 「あたし」라는 말도 사용하지 않는 것이 좋다.

사회인이 되어 상사나 거래처 사람을 상대할 때는 「その仕事は、わたくしがいたします」처럼 「わたくし」를 사용하여야 한다. 「わたくし」를 사용하면 앞뒤 말도 저절로 정중하게 되는 장점도 있다. 「その仕事は自分がする」라는 말을 「ぼく」라고 쓰게 되면 「あ、それ、ぼ

くがします」와 같이 말하게 되고,「わたくし」라는 말을 사용하면「そ
れは、わたくしがいたします」라는 말투로 나오는 것이 일반적이다.

　「わたくし、A社の鈴木ともうしますが」와 같은 말은 방문한 회사
접수대에서 자기 이름을 알릴 때 또는 다른 회사에 전화할 때 자기
이름을 알리는 말이지만 대외적으로는 상대방의 연령 또는 지위에
상관없이 언제나「わたくし」라는 말을 쓰도록 한다. 앞에서 예시한
「その仕事は、ぼくがいたします」의「ぼく」라는 말은 '너' '나' 하고
부르면서 지나는 친구 사이가 아니면 사용하지 않는 것이 좋다. 윗사
람에게「ぼく」라는 말을 하면 응석부리는 것으로 들려 제구실을 못하
는 남자라고 인정받기 어려울지도 모른다.

　또 남자들 가운데「それは自分がいたします」와 같이「自分」이라
는 말을 1인칭으로 사용하는 사람도 있다. 이 말은 태평양전쟁 당시
일본군대에서 자기를 반드시「自分」으로 말하도록 명령되었던 것으
로 오늘날 이런 말을 비즈니스에서 사용하는 것은 적절하지 않다.

5.「いま」의 정중어 → ただいま

「鈴木はすぐに参りますので、少々お待ちください」

「ただ今」라는 말은「いま」의 격식 차린 말이지만 일상생활에서는
단독으로 사용하여 밖으로 나갔다 돌아왔을 때의 인사말로 쓰고 있
다. 그러나 회사에서는「ただ今」단독으로 사용한다는 것은 조금 유
치한 느낌이 들어 외출하고 돌아와서 윗사람에게 인사할 때는「ただ

今」라는 말 아래「戻りました」라는 말을 붙이는 것이 좋다. 이때 단순히「戻りました」라는 말로만 인사하면 인사말로는 모양이 안 좋으므로「ただ今」라는 밀이 붙여진 것 같다.「○社へ行って参りました」라는 말로 바꿔 말하여도 상관은 없다.

윗사람이 불렀을 때「はい、ただいま参ります」라는 말과 손님을 접대할 때「鈴木はただいま参りますので、少々お待ちください」와 같이 말할 때의「ただ今」는「いま」또는「いますぐ」의 정중한 말씨다. 앞에서 예시한「鈴木はすぐに参りますので、少々お待ちください」의「すぐに参ります」라는 말은 정중도가 없는 말이다. 손님에게 말을 할 때는「すぐ」대신「ただいま」라는 말을 사용하는 것이 적절한 표현이다.

6. 상대방에게 기회가 좋지 않았다고 말할 때 → あいにく

「ご注文の品、いま在庫を切らしております」

「あいにく」는 경어는 아니지만 상대방 기분을 불쾌하게 만들지 않도록 하는 말이다. 상대방에게 기회가 안 좋았다는 언질을 주면서 이쪽도 유감스럽게 생각한다는 뜻을 넌지시 전하는 말이다. 전화 받을 때「あいにく鈴木は席をはずしております」라는 말은 단순히 鈴木의 부재만 알리는 것이 아니고 상대방 기분을 헤아려「あいにく」라는 말을 사용하는 것이다.

또 무엇을 물어보았을 때 앞에서 예시한「ご注文の品、いま在庫

を切らしております」와 같이 대답하면 너무 퉁명스럽게 들리므로 「ご注文の品は、あいにくですが在庫を切らしております」와 같이 「あいにく」라는 말을 사용하여 상대방에게 기회가 안 좋았다는 언질도 주는 것이다. 우리말로는 '공교롭게도'라는 뜻으로 이런 말을 덧붙여 사용하면 부드러운 마음이 전달될 것이다. 비즈니스에서는 상대방에게 기회가 안 좋았다고 사실만 전하는 것이 아니고 이쪽에서도 죄송하게 생각한다는 마음을 전해 주는 배려도 대단히 중요한 일이다.

7. 「どこ」의 정중어 → どちら

「広報部はどっちですか」

「どちら」는 일본어에서 무엇을 가리키는 말의 총칭인 「コ, ソ, ア, ド」 가운데 하나로 「こちら」와 「あちら」라는 말은 방향을 명확하게 제시하는 데 비하여 「どちら」라는 말은 어느 방향이라고 확실하게 결정할 수 없는 부정이나 의문을 나타내는 말이다. 똑같은 의미를 가진 「どこ」나 「どっち」보다는 정중한 표현이다.

예를 들면 처음 만난 상대방에게 「お住まいはどこですか」라고 말하면 어디에 사느냐고 묻는 것과 같이 들려 상대방도 「鍾路區の明倫洞です」라고 정확한 대답을 하지 않으면 안 된다는 기분을 들게 하는 말이다. 때에 따라서는 조사받는 기분이 들지도 모른다.

그러나 이 말을 「お住まいはどちらですか」라고 물어본다면 "사는 곳이 어느 쪽인가"라는 식의 약간 얼버무리는 완곡한 말이 되는 것이다. 구체적으로 물어보지 않으므로 오히려 정중한 감을 주어 상대방도 「鍾路區のほうです」라든가 「昌慶宮の近くです」라고 대답하기도 쉽다.

비즈니스에서도 「恐れ入りますが、広報部はどちらでしょうか」와 같이 이 「どちら」라는 말을 잘 사용한다. 「広報部はどちらでしょう」라고만 말하여도 나쁜 말은 아니다. 다른 회사에 찾아가서 이야기할 때는 「どちら」라는 말을 사용하여 정중하게 물어보아야 한다.

앞에서 예시한 「広報部はどっちですか」라는 말의 「どっちですか」라는 말은 약간 유치한 말투로 사용하지 않는 것이 좋다. 또 회사 안에서 손님이 찾으려는 곳을 알지 못하여 헤매고 있을 때 「恐れ入りすが、どちらをおたずねでしょうか」와 같이 물어보아 안내하는 것이 친절일 것이다. 이때 「どこへ行くのですか」라는 말로 물어본다면 상대방을 의심스러운 사람으로 취급하여 수상히 여기는 것처럼 들려 결례가 되는 것이다.

또 전화를 받았을 때 「恐れ入りますが、どちらの鈴木様でございますか」라는 말투도 상대방 회사나 소속을 물어보는 하나의 방법인 것이다.

8. 소식이 없었던 것을 사죄하는 말 → ご無沙汰しています

「ご無沙汰しておりますが、貴社にはますますご清栄のことと…」

오래 연락을 하지 못한 상대방에게 편지를 보내거나 전화할 때 관용

적인 인사말로「ご無沙汰しています」와 같이 말한다. 이「沙汰」는 소식이나 알림 등 커뮤니케이션을 말하는 것이고,「無沙汰」라고 하였을 때는 無情報, 결국 방문이나 소식을 전하지 못한 것을 가리키는 말이다. 따라서「ご無沙汰しています」라는 표현은 소식을 전하지 못하였다는 것을 사죄하는 말이다.

정보사회라고 말할 수 있는 현대사회뿐만 아니라 옛날부터 편지나 알림 등의 커뮤니케이션이 없었다는 것은 좋지 않은 일이었을 것이다. 그러므로 그것을 사죄하기 위하여서는 반드시「ご」를 붙여서「ご無沙汰しています」라는 말을 사용하여야 한다. 인사말 서두에「ご無沙汰しております」라는 말은 본인과 직접 오래간만에 만났을 때이고,「鈴木部長にはご無沙汰しておりますが、よろしくお伝えください」라는 말은 그 자리에는 없고 오래 만나지 못한 사람에게 인사를 대신 전해 달라고 부탁하는 경우다.

「ご無沙汰しております」대신에「お久しぶりです」라는 말도 있다. 이 말도 부드러운 표현으로 친분이 있고 그렇게 격식 차리지 않아도 되는 상대방이라면「お久しぶりです」라는 말도 상관없다. 똑같은「ご無沙汰する」란 말도「ご無沙汰しています」,「ご無沙汰しております」,「ご無沙汰いたしております」와 같이 나열된 순에 따라 정중도가 점점 높아진다.

여기에서 주의하여야 할 것은 이 말은 개인 간의 소식에만 쓰인다는 것이다. 서로 소식을 알리지 못하고 소식이 끊어졌던 것을 사죄한다는 것은 개인끼리 커뮤니케이션 수준의 문제다. 그러므로 아무리 정중한 말이라 하여도 거래처에 보내려는 비즈니스 문서에서는「ご

無沙汰」라는 말은 사용하지 않는다.

　앞에서 예시한「ご無沙汰しておりますが、貴社にはますますご清栄のことと…」라는 말은 그 하나의 예로 회사에 근무하는 개인 앞으로 보내는 편지라면 몰라도 회사끼리「ご無沙汰しておりますが」라는 말은 사용하지 않는다.

9. 장례식장에서의 인사말 → ご愁傷様

「課長、このたびはどうも」

　경어가 다루기 어려워 싫다는 젊은이들이 특히 더 싫어하는 것은 관혼상제에 참석하여 인사하는 경우다. 관혼상제 인사말은 보통 때 이야기하지 않는 격식 차린 말이 요구된다. 그러나 일단 사회인으로 진출하면 관혼상제 자리는 피할 수 없는 것으로 거래처의 장례식에도 회사를 대표하여 참석하는 경우가 많을 것이다. 따라서 관혼상제에 참석하여 말하는 방법을 확실하게 알아둘 필요가 있다.

　그중에서도 장례식장 문상이 어렵다. 젊은 사람은 장례식장에서 인사할 때 앞에서 예시한「課長、このたびはどうも…」처럼 말 뒤끝을 어물어물 얼버무리는 경우가 많은데, 이런 때는「このたびはどうもご愁傷様でございます」라고 확실하게 말하는 것이 좋다.「ご愁傷様」는 상가에서 밤샘하거나 장례식 때의 관용어지만 이 말은「ご愁傷様です」또는「ご愁傷様でございます」와 같이「です」나「ございます」를 붙여 사용한다.「ご愁傷様」라고만 말한다면 도리어 실례가 될지도 모른다.

「まことに思いかけないことで、ご愁傷さまでございます」와 같이 「ご愁傷様です」라는 말 앞에 「思いかけないことで」 등을 붙여 말하기도 한다. 또 장례식장에 가지 못하였다 하여도 사내 직원이나 거래처 사람에게 불행한 일이 있었다면 그 후 만났을 때 「ご不幸があったとうかがいましたが、ご愁傷様でございます」라고 확실하게 인사하는 것이 사회인으로서 당연한 매너라고 할 수 있다. 문상할 때의 말로는 이 「ご愁傷様」라는 말 외에 「お悔み申し上げます」라고도 보통 말하지만 이때도 「お悔みします」라고 말하지 않는다는 것을 알아둘 필요가 있다.

10. 「死ぬ」의 미화어이며 정중어 → 亡くなる

「取引先のA社の社長が死にました」

일본어는 「お」를 붙이면 정중어 또는 경어가 되는 말이 많다. 예를 들면 「お手紙」, 「お考え」, 「お書きになる」, 「お教えする」, 「お美しい」와 같이 한없이 많다. 그러나 「死」와 같이 별로 좋지 않은 말에는 「お」를 붙이지 않는다. 「お死にになる」라고는 말하지 않는다. 또 「きたない」라는 말도 마찬가지로 「おきたない」라고는 하지 않는다. 「死ぬ」의 격식 차린 말은 「亡くなる」라고 한다.

거래처 사장의 부보를 받고 자기 사장에게 알릴 때 「A社の社長がお亡くなりになりました」와 같이 말한다. 이때 「亡くなりました」라고만 말하면 조금 결례되는 것처럼 느껴진다. 자기 회사와 관계없는 회사 사장이 죽었다면「亡くなりました」라고 해도 괜찮을지 모른다.

앞에서 예시한「取引先のA社の社長が死にました」라는 말의「死にました」라는 표현은 너무 난폭한 표현이다.「私どもの会長がなくなりまして…」라는 말처럼「亡くなる」는 정중어로 자기 편 사람에게도 사용할 수 있다. 이때 다른 회사 사람에게 알릴 때 자기 회사 사람에 관한 것을 정중하게 말한다는 것을 이상하게 생각하는 사람도 있을지 모르나 이상하게 생각할 것은 없다.

「亡くなる」라는 말은 가족이라고 하여도 부모나 조부모와 같이 윗사람에게는 사용하여도 좋지만 자식이 죽었을 때「息子が亡くなりました」라고 하는 것은 잘못된 말이라는 사람도 있다. 그렇지만 실제로「息子が亡くなりました」라는 말을 많은 사람들이 쓰고 있고, 또 부하가 죽었을 때도 상사가「○○君が亡くなりまして」라고 말하여도 이상하게 생각하는 사람은 없는 것 같다.

11. 감사하다고 표현할 때의 말 → ありがとうございます

「ありがとう」

윗사람에게 사례의 인사말을 할 때「ありがとうございます」라고 하지 않고 무의식중에「すみません」이라는 사람도 많다.「すみません」을 입버릇처럼 하는 사람들이 많지만, 그러나 사례의 인사말로는「ありがとうございます」라고 확실하게 하여야만 감사의 마음이 전해진다. 「すみません」이라고만 말하면 무엇인가 사과하는 것 같은 느낌이 든다.

「ありがとうございます」는 「ありがとう存じます」라고도 말한다. 「ありがとうございます」와 「ありがとう存じます」라는 말을 비교해 보면 경의는 「存じます」가 더 크게 느껴진다는 사람이 많다. 이것은 「存じます」라는 표현이 잘 사용되지 않고 있는 데 원인이 있는 것으로 본다.

대화를 할 때 「ありがとう存じます」라고 말하는 사람은 대부분 나이가 많은 계층이고 또 문장어로는 사용하지만 대화할 때는 별로 사용하지 않는 것 같다. 비즈니스 문서에서는 이외로 「まことにありがたく、厚く御礼申し上げます」와 같이 「ありがたく」라는 말을 많이 사용한다. 또 윗사람이나 거래처 사람으로부터 물품을 받았을 때도 「ありがたく、ちょうだいいたします」처럼 「ありがたく」라는 말을 사용한다.

이러한 사례 인사말을 할 때 주의하여야 할 사항은 앞에서 예시한 「ありがとう」라든가 「どうも」라는 말로 끝내 버리는 경우 「どうも」는 사례의 인사말이라고는 할 수 없고, 「ありがとう」라는 말도 자기와 동격이거나 아랫사람에게 사용하는 말이라면 몰라도 윗사람에게는 사용하지 않는다.

입사 후 회사 일에 숙달되지 못한 동안에는 「ございます」와 같이 정중한 말을 사용하는 것을 쑥스러워하는 사람도 있지만, 사회인으로서는 「ありがとうございます」라고 확실하게 말하고 머리를 숙이는 것이 상식이다.

12. 사죄를 하거나 감사의 인사말 → 恐れ入ります

「すみませんが、鈴木課長はいらっしゃいますか」

「恐れ入る」에는 여러 가지 뜻이 있다. 글자 그대로라면 두렵고 무서워한다는 의미도 있지만 경의 표현으로 보통 사용되고 있는 뜻으로는 "잘못을 알고 공손하게 사과한다", "송구하게 생각한다", "황공하게 생각한다"와 같이 여러 뜻을 가진 말이다. 특히 비즈니스 현장에서는 사죄의 뜻으로 「恐れ入ります」라는 말을 광범위하게 사용한다.

다른 회사에 전화하는 경우 「恐れ入りますが、鈴木課長はいらっしゃいますか」라고 상대방에게 중계를 요청할 때, 또 전화를 받았을 때도 「恐れ入りますが、どちらの鈴木様でしょうか」와 같이 실례한다는 뜻으로도 사용하고, 회사를 찾아온 손님과 상담중인 상사에게 말을 하여야 할 때도 사용하는 등 이 「恐れ入ります」라는 말은 많이 사용되는 말이다. 상황에 따라서는 「お手数をおかけしますが」라든가 「お忙しいところ申し訳ありませんが」 또는 「失礼ですが」라는 말로 바꿔 말할 수도 있다.

거래처로 보내는 문서 등에서 「さっそくのご挨拶、恐れ入りました」라는 말은 감사를 나타내는 「恐れ入りました」이다. 「ありがたいお言葉、恐れ入りました」 또는 「お使いの方がみえるとばかり思っておりましたが、わざわざのお越し、誠に恐れ入ります」와 같이도 많이 사용한다. 이 「恐れ入ります」는 「恐縮です」와 같이 사용되고 있는 말로서 뜻이나 경의의 정도는 거의 같지만 「恐縮です」는 「恐縮」

가 한문 투의 말이기 때문에 딱딱한 느낌이 들어 대화에 쓰는 말이라기보다는 문장어에 어울리는 말이라 할 수 있다. 특히 여성은「恐縮です」라는 말을 사용하는 것을 피하려고 한다. 따라서「恐れ入ります」라는 말은 부드러운 느낌을 주어 남녀 모두 쉽게 사용하는 것 같다.

앞에서 예시한「すみませんが、鈴木課長はいらっしゃいますか」라는 말에서「すみませんが」라는 말을「恐れ入りますが」라는 말로 바꿔 말할 수 있는 사람이라면 즉시 사회인으로 인정받게 될 것이다.

13. 사죄를 하거나 감사의 인사말 → 恐縮です

「田中部長のお宅ですか、部長はいらっしゃいますか」

「恐縮です」라는 말은 전항에서 설명한 바와 같이 사죄나 감사의 인사를 할 때 많이 사용하는 말로「恐れ入ります」와 사용방법은 거의 같다.「夜分、恐縮ですが、田中部長はいらっしゃいますでしょうか」라는 말은 저녁 늦은 시간에 상사의 집으로 전화한 것을 사죄한다는 뜻의「恐縮です」다. 상사나 거래처 사람 집에 전화할 때 낮에 한다 해도 전화 받는 사람에게는「田中部長のお宅でございますか、恐縮ですが、部長をお願いします」와 같이 인사하는 것이 매너다.

앞에서 예시한「田中部長のお宅ですか、部長はいらっしゃいますか」와 같이 갑자기「部長はいらっしゃいますか」라고 말하면 전화 받는 사람을 무시하는 것으로 대단히 결례다. 이것은 상사의 집뿐 아니라 친구 집에 걸었을 때도 전화 받는 사람에게는 또박기 인사말을 할 줄 알아야 한다.

「恐縮です」는 사죄할 때 외에도 감사할 때 인사말로 사용한다. 「お気を使っていただき、たいへん恐縮です」라고 말할 때의 「恐縮です」가 바로 그 예다. 「お気を使っていただき、ありがとうございます」라는 말보다 「恐縮です」라고 하면 더 정중한 말이 된다. 이 말의 뜻은 상대방에게 신경을 쓰게 하여 죄송하다는 것으로 자신을 낮추면서 감사하다는 마음을 나타내는 말이다.

「恐縮です」라는 말은 「恐れ入ります」와 똑같이 경의 수준은 비슷한 것으로 남성들도 그때그때 분위기에 맞추어 사용하는 것이 현명한 방법이라고 생각한다.

14. 사죄할 때의 정중한 말 → 申しわけありません

「すみませんが、もう少々お待ちください」

사죄하는 말은 여러 가지가 있지만 「申しわけありません」이라는 말을 가장 많이 사용한다. 우리말로 표현하자면 "드릴 말씀이 없습니다"의 뜻으로 대단히 정중한 말이다. 이 말을 더 정중하게 표현하려면 「申しわけございません」이라고 한다.

「お客様、申しわけありませんが、少々お待ちいただけますか」와 같은 말은 사전에 시간 약속을 했는데 이쪽에서 늦은 경우다. 시간이 늦어 상대방에게 폐를 끼친 것이 되므로 「申しわけありませんが」라는 말을 사용하여 사죄 형식의 말도 되는 것이다. 다만 단순히 잠깐

기다리게 하는 경우라면「恐れ入りますが」라고 말해도 상관없다.

「このようなミスをしてしまい、申しわけございません」이라는 말은 자기 실수를 마음 깊이 사죄한다는 뜻을 나타낸다. 요즘 자기 실수를 사죄하려 하지 않는 사람들이 많은데 폐를 끼쳤을 때는 상대방에게 확실히「申しわけありません」이라는 말로 사죄해야 한다.

이것은 경어 이전의 문제다. 거래처 사람과 3시에 만나자고 약속하고 회의가 길어져 늦어질 것 같은 때는 미리 전화로「申しわけありませんが」라고 우선 사과의 말을 한 뒤 다시 시간 변경을 바라는 것이 상식이다.

앞에서 예시한「すみませんが、もう少々お待ちください」의「すみません」이란 말은 경의 정도가 가벼워 상대방에게 주는 인상으로는 별로 좋지 않다. 확실하게「申しわけありませんが」라고 말하여야 한다. 일을 하다가 실수한 경우에는「申しわけありません」대신「お詫びいたします」라든가「お許しください」라는 말도 있지만「私の不注意でした。以後あらためます」또는「私の不行き届きでした。以後注意いたします」와 같이 표현하여도 좋다.

15. 상대방에게 부탁할 때의 정중한 말 → お~ください

「課長、こちらのソファにかけてください」

상대방에게 무엇을 부탁할 때「お~ください」라는 말이 있다. 이 말은「お」+ 동사연용형 +「ください」형식으로「~してください」라는 말보다 사용범위가 훨씬 넓다. 「課長、こちらのソファにおかけください」라는 말은 자기 상사에게 부탁할 때 사용하는 말이고. 「どうぞ、ごゆっくりおくつろぎください」라는 말은 외부에서 온 접대 손님에게 하는 말이다. 그밖에도 「お急ぎください」, 「お待ちください」, 「お座りください」와 같이 「お~ください」 형식의 말은 얼마든지 만들 수 있다.

이 말은 모두 「~してください」라는 형식으로 바꿀 수도 있지만 「~してください」는 「お~ください」보다 경의 정도가 낮다. 「読む」의 경의 표현을 예를 들면 「読め」→「読んでください」→「お読みください」와 같이 나열된 순으로 경의 표현 정도가 높아진다.

앞에서 예시한 「課長、こちらのソファにかけてください」라는 말도 문법적으로 틀린 것은 없지만 경의 정도로 살펴볼 때는 잘못된 용법이다. 윗사람에 세는 「おかけください」라고 표현하여야 한다. 또 사람에 따라 「ください」를 사용하여 정중하게 표현하였다고 하여도 「かけてください」만으로는 난폭한 말이라고 하는 사람도 있다.

이 「お~ください」와 「~してください」라는 말은 많이 헷갈린다. 예로 「お気をつけてください」는 일반적으로 사용하는 말이지만 이 말은 「気をつけてください」라는 말에 「お」가 붙은 말로 혼동하기 쉽다. 이밖에 「お気をつけください」라는 말도 있지만 모두 「お~ください」라는 말을 「お気をつけになってください」로 바꿔 말하면 경의 표현 정도가 강해지는 것이다.

16. 헤어질 때의 인사말 → 失礼します

「課長、さようなら」

　보통 헤어질 때 인사말은 쉬운 것이 아니다. 「失礼します」가 일반적인 말이지만 윗사람보다 자기가 먼저 퇴근할 때는 「課長、お先に失礼します」라고 말하고, 거래처 방문 때는 「私は、ここで失礼させていただきます」라는 말을 하는 것이 관용어다. 그밖에 「失礼します」는 방문객과 이야기하는 중 자리를 뜰 때 「申しわけありませんが、ちょっと失礼させていただきます」와 같이 말하기도 한다. 「ご免ください」라는 작별인사도 있지만 최근에는 별로 들을 수 없는 말이다.

　앞에서 예시한 「課長、さようなら」의 「さようなら」는 동료끼리라면 몰라도 윗사람이나 거래처 사람에게는 사용하지 않는 것이 좋다. 「さようなら」는 「そうであるならば」라는 뜻으로 현대식으로 말하자면 「じゃあね」라는 뜻과 바뀌진 것은 없다고 볼 수 있다.

17. 다른 사람에게 무엇인가를 물어볼 때 → 失礼ですが

「あのー、鈴木様でいらっしゃいますか」

　접수창구에서 손님을 대할 때 「失礼ですが、鈴木様でいらっしゃいますか」와 같이 상대방을 확인하게 된다. 이때 갑자기 「鈴木様ですか」라고 부르면 상대방은 깜짝 놀랄지도 모른다. 그러나 상대방을 부르기 전의 「失礼ですが」라는 말은 준비말로 응용범위가 상당히 광범위하다.

「お話し中失礼いたしますが、鈴木様に会社からお電話がはいっています」와 같은 말은 대화 중에 끼어드는 말로 이때 「失礼ですが」라는 말보다 「失礼いたしますが」라는 표현이 훨씬 더 정중한 말이다. 전화를 받았을 때 상대방이 자기 이름을 밝히지 않을 때는 「失礼ですが、どちらさまでいらっしゃいますか」와 같이 물어보도록 하여야 한다.

앞에서 예시한 「あのー、鈴木様でいらっしゃいますか」는 「失礼ですが」라는 말 대신에 「あのー」라는 말을 한 것으로, 학창시절을 벗어나지 못한 사람으로서 사회인으로는 아직 인정받기 어려운 사람이라고 여길지도 모른다.

18. 다른 사람에게 사죄할 때의 정중한 말 → 失礼しました

「お待たせしてすみません」

사람들에게 사죄하는 말도 여러 가지가 있지만 비즈니스에서는 「失礼しました」라는 말을 많이 쓴다. 이 「失礼しました」라는 말은 가볍게 사죄할 때 사용하는 말이다. 「お待たせして失礼しました」라는 말은 전화가 와서 수화기 드는 것이 늦었을 때 사과하는 말이다. 세 번 이상 벨이 울리고 난 뒤 수화기를 들었을 때는 「お待たせして失礼しました」와 같이 말하도록 지도하는 회사도 많다. 이 한마디 말에 따라서 전화하는 상대방에게 주는 인상은 달라진다. 편지 쓸 때 「先日は無理なお願いをして、たいへん失礼いたしました」와 같은 말은 사죄라기보다 죄송하다는 뜻을 나타내는 말이다.

이 「失礼いたしました」라는 말은 「失礼しました」보다 상당히 정중한 말투다. 대화할 때 많은 사람들이 자기도 모르는 사이에 난용하기 쉬운 말이 이 「すみません」이다. 사죄할 때도 「すみません」, 「ありがとう」라고 말하여야 할 때도 「すみません」, 어떤 것을 물어보거나 부탁할 때도 「すみません」이라는 식의 말투다. 「すまない」(すみません)는 본래 "면목이 없다"는 뜻으로 사죄할 때만 사용한 말이었으나 요즘은 용도가 넓어지면서 경박한 인상을 주기 쉽다. 즉 말로만 사죄하는 것 같은 인상을 줄 수도 있는 것이다.

앞에서 예시한 「お待たせしてすみません」이라는 말도 같은 맥락이지만 비즈니스 현장에서 「すみません」이라는 말은 전적으로 사용하지 않는다고 하는 각오가 중요하다. 오히려 「すみません」 대신에 「ごめんください」라는 말을 쓰는 사람이 많은데, 특히 여성들이 많은 것 같다. 때에 따라서는 어린아이 말처럼 들리므로 이 말 자체는 별 문제가 없지만 친한 사이가 아니면 사용하지 않는 것이 좋다.

19. 명령할 때의 정중한 말 → ください

「お客様、こちらで待ってください」

방문객을 접대할 때 「こちらでお待ちください」와 같이 말하기도

하고, 전화를 받을 때「念のため、そちら様のお電話番号をお聞かせ
てください」라고 말하기도 한다. 이때「ください」는「もらう」쪽에서「く
れる」의 명령형인「くれ」라는 말의 존경어로 만든 꼴이 된 것이다.「く
れ」만으로는 상당히 난폭한 말이므로 부드럽고 정중한 말로 변환한
것이라 할 수 있다.

「~してください」라는 말은 회사 안에서「部長、そこの資料をとっ
てください」라든가「課長、書類に判を押してください」와 같이 사
용하고 있으나 윗사람에게는 쓰지 못하는 경우가 많고, 이 말을 정중
하게 표현하기 위하여서는「~していただけませんか」라고 하는 말이
있다. 이밖에「お~ください」라는 정중한 말도 있다.

앞에서 예시한「お客様、こちらで待ってください」라는 말은 손님에
게 예의를 갖춘 표현은 아니다. 이 말은「お待ちください」라고 표현
하는 것이 적절하다.

20. 수고하였다고 치하하는 말 → ご苦労様

「部長、ご苦労様でした」

회사에서 퇴근할 때의 인사말이 어렵다는 것은 직장인들이 많이
하는 이야기다. 윗사람이 남아 있고 자기가 먼저 퇴근하는 경우「お
先に失礼します」라고 말하든가「お先に失礼いたします」라면 되지
만, 문제는 자기가 남아 있고 상사가 먼저 회사를 나갈 때 상사에게
어떤 인사말을 하면 좋을지가 문제다. 이때「ご苦労様」는 "오늘 늦게

까지 일해 주어 수고했습니다"라는 윗사람이 부하의 노고를 위로하는 말로, 부하가 퇴근하면서 「お先に失礼します」라고 인사할 때 상사가 「ご苦労様」라고 하는 것은 상관없지만, 아랫사람이 자기 상사에게 「ご苦労様」라고 하는 것은 있을 수 없는 일이다. 아랫사람이 윗사람에게 노고를 치하하는 말이 되므로 실례가 되는 것이다.

요즘은 윗사람이 먼저 퇴근할 때 부하가 「お疲れさまでした」라는 말을 사용하는 사람도 늘어나는 것 같다. 이 「お疲れさまでした」라는 말을 부하가 상사에게 하는 것을 이상하게 느끼는 사람도 있지만, 그렇다면 할 말이 없는 것으로 조용히 「お疲れさまでした」라는 말을 사용하는 것도 괜찮지 않을까 한다. 또 거래처 등에 폐를 끼쳤을 때도 역시 확실하게 인사하지 않으면 안 된다. 「今回の新製品発売にあたっては、たいへんご苦労をおかけいたしました」와 같은 말을 하는 경우도 「お世話をおかけしました」라고 확실한 말로 표현하는 것이 더 좋은 말이 될 것 같다.

21. 격식을 차린 대답 → はい

「もしもし、…ええ、こちらは ○○商事です」

윗사람이 부를 때 「はい」라고 대답하는 것은 경어 문제도 아니고 회사 조직 안에서 일하는 사람으로서 상식 이전의 문제다. 그러나 실제로는 좀처럼 「はい」라는 말을 하지 않고 자기도 모르는 사이에 윗사람에게 실례되는 태도를 취하는 젊은이들도 적지 않다.

대답할 때 좋지 않은 예를 몇 가지 들면「はいはい」하고 두 번 이상 대답하면 일본 사람들은 상대방을 바보 취급한 것으로 안다.「うん」이라는 말도 여자끼리라면 몰라도 윗사람에게 쓰는 깃은 결례다.「ええ」라는 말도 난폭하게 들리므로 윗사람에게는 사용하지 않는 것이 좋다. 더욱 상사가 불렀을 때 대답도 없이 가만히 있는 것은 가장 나쁜 태도다. 또「はい」는 회사에 걸려온 전화를 받았을 때 제1성이기도 한 것으로 회사에 전화 걸었을 때「はい、鈴木商事でございます」라는 말을 부드러운 음성의「はい」로 들으면 전화 건 사람도 기분 좋고, 또 회사에 대한 인상도 좋게 생각할 것이다.

가정에서 전화를 걸거나 받을 때는「もしもし」라고 시작하는 것이 일반적이지만, 비즈니스 전화에서는 건 쪽이거나 받는 쪽 다같이「もしもし」라는 말은 필요하지 않다는 것이 일반적이다. 어쨌든「はい」라는 대답을 기분 좋게 못한다면 아무리 경어를 써도 상대방에게 경의를 나타낼 수 없는 것이다.

22. 바라는 말을 할 때 → お願いします

「今後とも、当社をどうぞ頼みます」

「お伝え願います」라든가「ご伝言をお願いします」라고 다른 사람에게 무엇을 부탁할 때「願う」또는「お願いします」라는 말을 사용하면 정중한 말이 된다.「今後とも、当社をどうぞよろしくお願いします」라든가「折返しご郵送賜りたくお願いいたします」와 같이「お

願いします」나「お願いいたします」라는 말 이외로도「お願い申し上げます」라는 말이 있다. 이 말들도「します」→「いたします」→「申しあげます」의 순으로 경의가 점점 높아지는 것이다.

「いたします」라고 말할 때는 그 앞에 오는 말도「賜わる」와 같이 경의가 높은 말을 사용하여 말 전체의 균형이 유지되도록 하여야 한다. 앞에서 예시한「今後とも、当社をどうぞ頼みます」라는 말은「頼みます」라고 하여「です」,「ます」의 정중어를 붙였지만 격식 차린 표현은 아니다. 무엇을 부탁할 때 의뢰 당사자는 어떤 저자세라도 이상하지 않다는 것을 머리에 두는 것이 좋다.

23. 사죄할 때 쓰는 말 → ご迷惑をおかけいたしました

「突然お邪魔して、ほんとうにすみませんでした」

비즈니스에서 무엇을 부탁할 때「お手数ですが」또는「ご多忙中とは存じますが」와 같은 말을 많이 사용한다. 실지 폐를 끼쳐 사과하는 말도「ご迷惑をおかけいたしました」라고 하지만 거래처를 갑자기 방문하였을 때「突然お邪魔して、ご迷惑をおかけいたしました」와 같이 말한다. 놀러간 것은 아니지만 약속 없이 방문한 것은 상대방의 예정된 일을 방해한 것이므로 폐를 끼친 것은 사실이다. 긴급한 일로 휴일에 윗사람의 집으로 전화할 때도「ご迷惑をおかけいたしました」라는 말 한마디는 꼭 필요하다.

「このたびは、たいへんご迷惑をおかけいたしました」라는 말은

일하면서 잘못을 저질렀을 때의 말투다. 돌연한 방문을 하였거나 일하면서 잘못을 저질렀다면 앞에서 예시한「すみませんでした」라는 말만으로는 적절치 못한 처사다.

24.「いる」의 겸양어, 정중어 → おる

「A社さんですか、鈴木さんはおりますか」

「明日の午後は自宅におります」라는 말과「明日の午後は自宅にいます」라는 두 가지 말을 비교할 때「います」보다는「おります」라는 말이 격식 차린 정중한 말로 느껴진다.「おる」와「おります」는 요즘 젊은 사람들 사이에는 별로 쓰지 않는 말이지만 이 말은「いる」의 정중한 말이다. 자기를 낮추는 겸양의 뜻도 있으므로 보통 대화에서는「自宅にいます」라고 해도 상관없으나 윗사람에게 알려 줄 때는「自宅におります」라고 정중하게 말하는 것이 바람직하다.

「午後は私どもの課長も会社におりますので…」와 같은 말투는 회사에 과장도 있다는 것을 겸손하게 말한 것이다. 다른 회사 사람에게 자기 편 사람에 관한 사항을 전하는 것이므로 자기 상사라 하여도 겸손하게 말하여야 한다. 이때「会社にいますので…」라고 말하면 정중도가 결여되어 유치한 인상을 준다.

「おる」라는 말을「おられます」로 바꿔 말하면 가벼운 존경 표현도 된다.「部長は、会議室におられます」라고 하는 말은 그와 같은 표현의 예다. 이 말은 부장 있는 곳을 물었을 때의 대답이지만, 물어보는

상사가 어떤 사람이냐에 따라서 또는 자기와 부장과의 관계에 따라서 대답하는 방법도 미묘하게 달라진다.

예를 들어 사장이 물었을 때는「部長は会議室におります」라고 하든지「会議室にいらっしゃいます」어느 쪽으로 말하여도 틀린 말은 아니다. 그러나 부장도 사장에게 있어서는 부하라고 인식하느냐, 부장과 자기와의 사이에 격차가 있고, 부장은 사장과 가까운 존재라고 의식하느냐에 따라서 대답은 틀린다.

앞에서 예시한「A社さんですか、鈴木さんはおりますか」란 말은 다른 회사 사람에게「おりますか」라는 표현을 한 것이므로 다른 회사 사람을 겸양하게 만들었으므로 잘못된 말이다. 이 말은「いらっしゃいますか」라고 표현하여야 한다.

25.「よい」의 정중어 → よろしいでしょうか

「課長、いまいいですか」

「よろしい」는「よい」의 격식 차린 말이다. 일반적으로 좋은가, 나쁜가 하고 물어볼 때 쓰는 경우가 많다.「課長、いまよろしいでしょうか」라는 말은 과장의 사정이 어떠냐는 것을 묻는 말이고,「わたくしがまとめた書類ですが、これでよろしいでしょうか」라는 말은 내가 정리한 서류가 괜찮은지 어떤지를 물어보는 말이다.

「よろしいでしょうか」라는 말을 더 정중하게 하려면「ございます」를 붙여「よろしゅうございますか」라고 하면 된다. 다만 과장과 같이 가까이에서 모시고 있는 윗사람에게 「よろしゅうございますか」라고 하면 정중도가 지나쳐 놀랄지도 모른다. 젊은 사람이라면 「よろしいでしょうか」라는 정도로 알아두어도 곤란한 일은 없을 것이다.

　윗사람에게 보고나 상담할 일이 있으면 먼저 상사의 사정이 어떤지 살펴볼 필요가 있다. 그때 앞에서 예시한 「いいですか」와 같이 말한다면 말버릇이 안 좋은 사람으로 취급될지도 모른다. 이때는 「課長、いまよろしいでしょうか」라고 확실하게 말하여야 한다. 이 말을 갑작스럽게 「課長、この件はこうなっているんですが」와 같이 말한다면 「いいですか」라고 물어보는 것보다도 오히려 더 실례가 되는 것은 말할 것도 없다.

　또 「よろしい」라고 하는 말은 「よい」의 격식 차린 말로 윗사람이 아랫사람을 향하여 알았다는 뜻을 표현하는 경우에도 많이 사용한다. 예를 들면 부하가 "서류는 이것으로 괜찮으냐?"고 물었을 때의 대답으로 「よろしい」라든지, 늦게까지 잔업 처리하는 부하에게 「もう帰ってよろしい」라는 「よろしい」가 바로 그 예다.

26. 「ある」의 정중어 → ございます

「昨日はおもしろかったです」

「ございます」라는 말은 처음으로 사회인이 된 젊은이들에게 꽤 신경 쓰이게 하는 말이다. 입속에서 우물거리거나 쑥스러워하는 사람도 있지만 사실 「ございます」라는 말을 쓸 줄 모르면 사회인으로서 자격이 없는 사람이다. 「ございます」는 배운다는 것보다 몸에 익혀야 하는 말이다. 처음에는 말하기 어려워도 계속 사용하면 자연히 몸에 익히게 되는 말이다. 손님으로부터 질문받았을 때 「はい、そうです」가 아니고 「はい、さようでございます」라고 대답할 수 있다면 윗사람이 보는 눈도 달라질 것이다.

「ございます」라는 말을 사용할 때 어려운 것은 「御社の鈴木部長のお話、たいへんおもしろうございました」와 같이 형용사 바로 뒤에 붙이는 경우다. 원래 형용사 바로 뒤에는 「です、ます」를 쓰지 않고 「おもしろいのです」라든가 「うれしいのです」와 같이 말하였지만, 요즘은 「おもしろいです」라는 말도 허용된다. 그러나 「おもしろうございます」 또는 「うれしゅうございます」라는 말로 표현하는 것이 좋다. 젊은 사람들은 형용사 「ありがたい」라는 말에 「ございます」를 붙여 「ありがとうございます」라는 말 이외는 말하기 어렵다고 할지 모른다.

앞에서 예시한 「おもしろかったです」는 틀린 말은 아니지만 윗사람에게 쓰는 것은 바람직한 말이 아니다. 그러므로 「おもしろうございました」라는 말이 어렵다면 「おもしろいと感じました」라고 바꿔 말하여도 좋을 것이다.

「ございます」는 「ある」의 정중한 말이지만 「居る」의 정중어 「いらっしゃる」와 잘 혼용하는 것 같다. 「鈴木さんのお宅でございますか」라는 말과 「気分はいかがでございますか」라는 말은 둘 다 올바른 말이다. 그렇지만 「鈴木さんのお宅でいらっしゃいますか」라고 하는 말은 관용어처럼 쓰고 있으나 본래는 잘못된 말이다.

27. 처음 만났을 때의 인사말 → 初めまして

「初めておあいしますが、私が鈴木です」

　「初めまして」는 처음 만나는 사람과의 인사말로 사용하는 관용적인 말이다. 그러나 「初めまして」만으로는 실례가 된다. 그 아래에 「お目にかかります」라는 말이 생략된 형태로 약간 가볍게 느껴지는 표현이라 할 수 있다. 「初めまして、鈴木と申します」 또는 「初めてお目にかかります。鈴木ともうします」와 같이 「初めまして」에 이어서 자기 이름을 밝히든지 그 아래에 확실하게 말을 덧붙여야만 완전한 인사말이 되는 것이다.

　처음 만난 사람과의 인사로 「お初(はつ)にお目にかかります」라는 말도 있지만 이느 것을 사용하는지 실례는 아니다. 처음 만나 인사할 때는 자기 이름을 확실히 알리는 것도 중요하다.

　앞에서 예시한 「初めておあいしますが、私が鈴木です」와 같은 말은 약간 이상한 말투다. 비즈니스맨으로 창피를 당하지 않으려면 처음 인사말 정도는 확실하게 알아두는 것이 좋다.

28. 사양할 때 쓰는 말 → おかまいなく

「そんなに気を使ってくれなくてもいいですから」

　최근 젊은 사람들이 거래처를 방문하였을 때 차나 과자를 내놓으

면 「あ、どうも」라고만 말하고 덥석 먹어치우는 사람이 많은 것 같다. 이와 같은 사람은 「おかまいなく」라는 사양의 말조차 알지 못하는 사람으로 설사 어떤 말을 하려고 해도 앞에서 예시한 것처럼 건방진 말투밖에 나오지 않을 것이다.

거래처를 방문한 때 「今日は仕事で参りましたので、どうぞおかまいなく」와 같이 「どうぞおかまいなく」라는 말은 상대방에게 다과 접대를 사양하는 말로 사용하지만, 이와는 달리 「気にしないでください」라는 말을 사용하는 사람도 있다. 거래처 사람을 접대한 후에 「今日はなんのおかまいもできませんが…」라는 말의 「おかまいもできませんが」라는 말은 접대한 사람의 말로 접대가 변변치 못했다는 겸손 표현이다. 이런 말은 말하기가 어려우면 「どうぞおかまいになりませんように」라는 말로 바꿔 말해도 좋다.

29. 「よかったら」의 정중어 → よろしければ

「よかったら、どうぞ食べてください」

전화로 찾고 있는 사람이 부재중인 때 「○○は外出中でおりません」과 같은 말을 들으면 어딘지 모르게 차가운 느낌이 든다. 이와 같은 경우 전화 받는 사람이 용건이나 전할 말을 대신 들어주었으면 하는 생각이 간절할 것이다. 이때는 「よろしければ、わたくしがご用件を承りますが」라는 말을 사용하는 것이 무난하다. 「よろしければ」는 「よかったら」의 격식 차린 말로 비슷한 예를 들면 「お差し支えな

ければ」라는 말도 있다.「よろしければ」보다는 정중한 편이고 더욱 정중한 말로 표현하자면「もし、よろしゅうございましたら」또는「よろしいようでしたら」라는 말도 있다.

「課長がもしよろしければ、わたくしが鈴木さんの代わりにA社へ行って参ります」는 승낙의 표현인「よろしければ」인 것으로 이때는「お差し支えなければ」라는 말로 바꿔 사용할 수는 없다. 앞에서 예시한「よかったら」라는 표현은 좀 유치한 인상을 주는 말로 들린다.

30.「こっち」의 정중어 → こちら

「こっちへどうぞ」

거래치 사람과 대화하면서 자기 회사를 가리킬 때「こちらといたしましては、このように考えております」와 같이 자기 회사를「こちら」라고 하는 경우가 있다.「わたくしども」와 같은 뜻의「こちら」인 것이다. 이「こちら」라는 말은「こっち」,「ここ」의 격식 차린 말이지만 시간과 장소에 따라서 뜻이 많이 달라지므로 주의할 필요가 있다.

예로「こちらでお待ちください」라고 할 때「こちら」는「ここ」의 격식 차린 말씨로 특별한 경어는 아니고, 다만 격식 차린 말로 경의를 나타내는 셈이다. 전화를 받았을 때「折返し、こちらからご連絡いたします」와 같은 말의「こちら」는 자기나 자기 회사를 가리키는 말이지만 상대방이 묻는 말을 즉시 답변 못할 때는「もう一度お電話をください」하고 상대방에게 전화를 다시 걸게 하는 것보다「調べ

まして、のちほど、こちらからご連絡いたします」와 같이 이쪽에서 스스로 자청하는 것이 상대방에게 주는 인상도 좋아질 것이다.

그렇지만 이것이「こちら様」라고「様」가 붙으면 자기 쪽의 일이 아니고 상대방이나 상대방 회사의 일이 되고 만다. 이「こちら様」라는 말은 상대방 회사에 가서 이야기할 때 사용하는 말이다. 당연한 일이지만 자기에 관한 것을 가리킬 때는「こちら様」라는 말은 하지 않는다.

앞에서 예시한「こっちへどうぞ」의「こっち」는 난폭한 표현으로「こっちでお待ちください」라는 말과 똑같은 표현이다. 또 상대방 회사를 말할 때「ここの会社」라고 하면 실례가 된다. 아무튼「こちらへどうぞ」라든가「こちらの会社」와 같이 정중한 말을 사용하지 않으면 안 된다.

31. 방문할 때나 작별인사하고 떠날 때 → ごめんください

「ちょっと、すみませんが山田さんをお願いいたします」

「ごめんください」는 비즈니스 현장에서 별로 쓰는 말은 아니지만 다른 회사를 방문하거나 작별인사를 하고 떠날 때 인사말로 사용하는 경우가 많다.「それでは、ごめんくださいませ」라는 말은 작별할 때 인사말이지만 전화할 때 마지막으로「ごめんください」라는 말로 인사하는 사람도 많다.

그러나 보통「失礼します」또는「失礼いたします」라는 말로 인사하는 경우가 많고 일부러 「ごめんください」를 사용하는 경우는 드문 것 같다. 「ごめんください、A社の鈴木と申しますが、営業部の山田様をお願いします」와 같이 말할 때는 다른 회사를 방문하여 접수창구에서 안내를 부탁하는 말이지만 이때도 「おそれいりますが…」라는 말을 일반적으로 사용하는 때가 많다.

「ごめんください」라는 말은 개인적으로 집을 방문하였을 때 이외는 사용하지 않았는데 회사 안에서 갑자기 「ごめんください」라는 말을 들었을 때 다소 위화감이 든다는 사람도 있는 것 같다.

32. 「今日」의 정중어 → 本日

「今日は、ご参集いただきまして、まことにありがとうございます」

회사 입사식 같은 의식이나 파티석상에서는 「今日は」라는 말을 사용하지 않고 「本日は」와 같은 말을 사용하는 것이 보통이다. 「今日」보다 「本日」라고 하면 격식 차린 것과 같은 느낌이 들기 때문이다. 「おととい」라는 말보다 「一昨日」, 「きのう」보다 「昨日」, 「あす、あした」보다 「明日」 등과 같이 訓讀으로 말하는 것보다 音讀으로 말하는 것이 정중한 느낌을 주는 모양이다.

그 이유로는 보통 사용하지 않는 말이기 때문에 격식 차린 말로 들리는지 몰라도 和語보다도 漢語로 말하는 것이 약간 격식 차린 말로 여기는 것 같다. 예를 들면 「去年」, 「今年」, 「来年」이라고 하는 말보다 「昨年」, 「本年」, 「翌年」이라는 말이 약간 정중하게 들린다. 따라

서 「本日」라는 말 자체는 존경어가 아니지만 「本日はお招きにあず
かり、ありがとうございます」라든가 「昨日受けた研修のレポート
をまとめました」와 같이 말하면 경의 표현이 되는 것이다. 다만 이때
양쪽 모두 대화시의 말이므로 「きょう」라든가 「きのう」라고 말하여
도 이상할 것은 없다.

파티 같은 장소에서 인사말로는 연설 수준의 말은 아니라도 「本日
は」라는 말은 「ご参集いただきまして、まことにありがとうござい
ます」와 같이 뒤에 붙는 말도 격식 차린 말로 이어져야 함은 물론이다.

앞에서 예시한 「今日は、ご参集いただきまして、まことにありが
とうございます」의 「今日は」는 이어진 말이 「ご参集いただき…」라
는 격식 차린 말이므로 균형이 맞지 않는 불안정된 표현이다. 비즈니
스 문서라든가 리포트 등 문장어에서는 일상생활에서 하는 말보다
약간 격식 차린 말을 원하는 사람이 많으므로 「きのう」라든가, 「きょ
う」 또는 「あす」라는 말보다도 「昨日」, 「本日」, 「明日」라는 말을 사용
하는 경우가 많다.

33. 「ちょっと」와 「すこし」의 정중어 → 少々

「こちらで、ちょっとお待ちください」

「ちょっと」와 「すこし」의 격식 차린 말이 「少々」란 말이다. 「ちょ
っと」라는 말보다 손님을 접대하거나 다른 회사를 방문하였을 때 또
는 다른 회사와 전화를 할 때는 「少々おうかがいしますが」와 같이

「少々」를 사용하여 정중하게 말을 하는 것이 바람직하다. 앞에서 예시한 「ちょっとお待ちください」라고 말하는 것보다 「少々お待ちください」와 같이 말하면 정중한 말이 된다. 그 이유로는 일반적으로 和語로 말하는 것보다 漢語로 말하는 것이 더 정중하게 들리기 때문일 것이다.

또 다른 예로 「忘れました」라는 말보다 「失念いたしました」라고 하면 어딘지 모르게 무게가 더 있는 것으로 느껴진다. 이와 같이 漢語의 효과를 기억해 두면 격식을 차려야 할 장소에서 말할 기회가 있는 경우 많은 도움이 될 것이다.

34.「さっき」의 정중어 → 先ほど

「課長、さっきの書類、見ていただけましたでしょうか」

「さっき」와 「先ほど」、「あとで」와 「後ほど」를 각각 비교하였을 때 어느 말이 더 정중하게 느끼느냐고 물으면 말할 필요 없이 「先ほど」와 「後ほど」라고 할 것이다. 「ほど」라는 말은 시간, 공간, 금액 등을 완곡하게 하는 말로 확실하게 말하지 않고 말을 흐려서 정중한 느낌이 들게 한다. 이밖에도 「今朝ほど」라든가 「いかほど」라는 말도 있으나 이것은 경어는 아니지만 정중한 말투로 경의를 나타내는 말이다. 윗사람과 이야기할 때 또는 격식을 차려야 할 자리에서는 이러한 정중한 말 한마디가 필요한 때가 많다.

「課長、先ほどの書類、見ていただけましたでしょうか」와 「先ほ

どお電話をいただいたときは、席をはずしておりまして失礼いた
しました」와 같은 말은 모두 그러한 예의 하나지만, 앞에서 예시한
「課長、さっきの書類、…」처럼 말하면 아무리 경어를 쓴다 하여도
「さっき」라는 말 때문에 다른 말과 균형이 맞지 않아 난폭한 인상만
주게 된다.

35. 「休む」, 「寝る」, 「休息する」의 존경어 또는 정중어 → お休み

「課長、明日の土曜日はお休みしますか」

「お休みなさい」라는 말은 잠잘 때의 인사말이지만 비즈니스에서
「お休み」라고 말하면 휴식한다는 말의 존경어다. 또 회사를 쉰다고
할 때도 정중어로 사용하는 경우가 있다. 「お休みのところ恐縮です
が、至急の件がございまして」라는 말의 「お休みのところ」는 밤중
에 건 전화라면 취침 중에 있는 경우를 가리키겠지만, 휴일 대낮이라
면 "휴식중임에도 불구하고"라는 뜻이 될 것이다. 윗사람 집에 전화
할 때는 전화 받는 사람에게도 이러한 인사는 하여야 한다.

「鈴木課長は、ご不幸があって今日はお休みになっています」와
같은 말은 상황에 따라 판단이 미묘하게 다르다. 예를 들면 부장으로
부터 鈴木課長에 대한 이야기를 들었을 때 신입사원이라면 과장에
게 경어를 사용하여 이렇게 말해도 이상할 것은 없다. 앞에서 예시한
「お休みしますか」라는 표현은 과장을 겸양어로 낮추어 버린 꼴이 되
어 부적절한 말이다. 또 휴가를 신청하는 것이라면 「申しわけありま

せんが休ませていただけませんか」와 같이 말하여야 할 것이다.

36.「本当に」의 정중어 → まことに

「まことにおわびします」

「まことに」라는 말은「ほんとうに」또는「じつに」의 격식 차린 말로 경어는 아니지만 윗사람과 이야기할 때나 격식을 차려야 할 자리에서는 사용하기 좋은 말이다.「まことに恐縮でございますが」라고 하면 간단히「恐縮ですが」라는 말보다 한층 더 송구함을 나타내는 표현이다.「まことにありがとうございます」와 같은 말은 격식 차린 인사법의 사례로「まこと」란 말이 붙음으로써 더욱 공손한 느낌이 드는 것이다.

이 말은 광범위하게 사용되고 있지만 앞에서 예시한「まことにおわびします」와 같은 말은 사용하지 않는 말이다.「わたくしの不注意からご迷惑をおかけし、まことにもうしわけございません」와 같이 확실한 말투를 사용하여야 한다. 이 밖에도「まことに汚い」라든가「まことに赤い」와 같은 말은 일본어에 없는 말이므로 주의하는 것이 좋다.「まことに」라는 말은 딱딱한 느낌이 있는 말이라서 그런지 여성들이 대화할 때는 별로 사용하지 않는다.

37.「どう」「どのように」의 정중어 → いかが

「明日、部長の都合はどうなってますか」

「ご病気はいかがですか」라는 말은「病気はどういう状態か」라는 말과 같지만「いかが」의 원래 뜻은「いかにか」라는 말로「どう」의 격식 차린 말이다.「明日、部長の都合はいかがでしょうか」라는 말은「都合はどうか」라고 상사에게 묻는 것으로「いかがですか」라는 경우도 있지만「いかがでしょうか」하고 추측의「しょう」를 사용하면 더 정중한 표현이 된다.

「課長、この件はいかがいたしましょうか」라는 말을「いかがしましょうか」라고 하는 사람도 있지만, 이 말은 어쩐지 안정감이 없는 말로 들린다.「いたしましょうか」라는 말은 자기를 낮추는 정중한 말이므로 위의「いかが」라는 정중한 말과 균형이 맞는 말이지만「しましょうか」라고 하면 보통의 말투로 균형이 맞지 않는다.

경어 표현의 말 둘 이상이 이어질 때는 각각 말의 경의 정도가 다른 때 제일 아래쪽의 경어를 정중하게 표현하면 균형이 잘 맞게 된다. 예로「どういたしましょうか」라고 할 때「どう」는 격식 차린 말이 아니고「いたしましょうか」라는 말이 정중한 말이므로 경어 말이 아래에 와 있으므로 전체적으로 균형이 잘 잡혀 정중한 표현을 이루는 것이다.

앞에서 예시한 말처럼「~どうなってますか」라고 하든가「どうしましょうか」라고 하면「どう」나 아래의 말 모두가 격의 없는 사이에 사용하는 말이므로 그 자체로는 균형 잡힌 말이라고 하여도 윗사람에게는 사용하기에 부적정한 말이다. 특히「課長、この件はどうしますか」등으로 말하는 것은 매우 무책임한 말인「その件は、わたしの知ったことではありませんよ」와 같은 말투로 오해를 불러들일 수도 있다. 말씨가 조잡하면 모든 일에 대처하는 마음가짐도 적당하게 하는 사람이라고 인정될 수 있으므로 항상 주의하여야 한다.

제2부

◆

비즈니스 매너편

전화 응대

말하는 방법

1. 커뮤니케이션

인간은 다른 사람과 마음을 상통시키면서 처음으로 생활이 시작되고 일할 수 있는 것이다. 즉 다른 사람과 마음을 상통시킨다는 것이 커뮤니케이션의 기본이다. 사회생활을 하는 개인과 개인(집단과 집단) 사이에 이루는 생각, 감정, 정보의 전달이 커뮤니케이션이다. 사회가 공통 의사나 감정을 가질 수 있다는 것은 우리 의견이나 감정을 전달하여 서로 교류할 수 있기 때문이다. 커뮤니케이션을 효과적으로 자주 실행함에 따라 상호관계는 깊어지고 상호이해가 발생되는 것이다.

2. 호감을 주는 대화 방법

"소리는 사람이 내지만 말은 인품을 나타낸다"는 말과 같이 소리의 전파나 말의 속도에 따라 말하는 사람의 성격이 나타나고, 말씨나 화제의 선택방법에 따라 그 사람의 인품도 엿볼 수 있는 것이다.

1) 음성(목소리)에 관한 것

발음이 좋고 나쁘다는 것은 말을 잘못 듣게 하는 것뿐 아니라 말하는 사람의 인상에도 영향을 준다. 아름다운 발음을 낼 수 있도록 연습하도록 하자.

입을 크게 벌리고 천천히 정확하게 발음한다. 처음에는 30초 정도로 하다가 차츰 스피드를 올린다. 일주일 정도하면 몰라보게 아름다운 발음을 할 수 있다.

[발음 연습]

アエイ　ウエオ アオ　　ハヘヒ　フヘホ ハホ

カケキ　クケコ カコ　　マメミ　ムメモ マモ

サセシ　スセソ サソ　　ヤエイ　ユエヨ ヤヨ

タテチ　ツテト タト　　ラレリ　ルレロ ラロ

ナネニ　フネノ ナノ　　ワウェウィ　ウウェウォ ワウォ

2) 이야기를 잘하는 사람은 듣는 것도 잘한다

(1) 상대방이 이야기할 때 성실한 관심을 측정하는 방법으로는

- 눈, 손, 발, 표정, 태도가 관심도로 나타난다.
- 관심도는 맞장구치기와 응답, 질의 등으로도 감지할 수 있다.

(2) 상대방의 말에 선입관을 갖거나 처음부터 결론을 내어 덤벼들지 않도록 한다.

(3) 이해가 되지 않을 때는 질문을 하도록 한다.

3) 이야기할 때의 포인트

(1) 바르게

- 발음은 명확하게 한다.
- 내용은 정확하게 한다.
- 바른말로 사용한다.

(2) 알기 쉽게

- 간결하며 요령 있게 말한다.
- 결론을 먼저 말한다.
- 상대방이 이해할 수 있는 말로 한다.
    ⊙ 전문용어 또는 외국어, 유행어 등에 조심한다.
- 보통 쓰는 말로 한다.
- 상대방의 반응이나 이해를 확인한다.

(3) 인상 좋게

- 밝은 표정과 태도를 유지한다.
- 어조에 조심한다.
- 공통의 화제를 골라서 말한다.
- 억지주장이나 변명하는 것 같은 말은 피한다.

– 긍정적으로 대하고 부정적인 말은 피한다.

전화 응답과 인사

1. 즉각 반응을 보이는 응답

말을 걸어서 시원하게 "네(ハイッ)"라는 대답을 들으면 대단히 기분 좋다. 일을 부탁받거나 무엇을 찾을 때는 한마디 덧붙여 말하는 것이 좋다.

ハイ、およびでしょうか。(네, 부르셨습니까?)
ハイ、こちらをごらんください。(네, 여기를 보아주세요!)
ハイ、いまおもちいたします。(네, 지금 가져갑니다.)

2. 좋은 인상을 주는 인사

인사는 인간관계를 만드는 첫걸음이다. 일본말로 「あいさつ」라고 하는데 한자로는 「挨拶」라고 쓴다. 「挨」와 「拶」는 「押す＝밀다」와 「迫る＝다가오다 또는 다가가다」라는 뜻을 지니고 있다. 「挨拶」는 상대방에게 "마음을 열고 다가가다 또는 다가오다"의 뜻으로 인사하거나 상대방을 되돌아오게 한다는 의미도 있다.

인사할 때는 언제, 어디서, 누구에게나 항상 밝은 인사를 하도록

하여야 한다. 「あいさつ」라는 말은 あ…明るく, い…いつでも, さ…
先に, つ…続けて 라는 뜻이 담겨진 말이라고 할 수 있다.

마음을 전하는 중요한 말

1. オ, ア, シ, ス라는 말을 항상 염두에 두자

お疲れさまでした
상대방의 노고를 위로하는 마음으로=수고하셨습니다
お願いします
부탁을 받는 상대방도 기분 좋게=부탁합니다
ありがとう
다정한 여운과 감사의 마음이 상대방을 끌어들인다=감사합니다
しつれい(失禮)します
도덕상 또는 습관상 준수하여야 할 구별이 중요하다=실례합니다
すみません
변명하기 전에 우선 사죄의 말을 한다=미안합니다

2. 손님 접대시의 기본용어는 자연스럽게 말할 수 있도록 연습한다

환영의말 「いらっしゃいませ」

손님을 환영한다는 마음이 이 말 한마디로 전달된다.

의뢰의 말 「おそれいります」
어떤 것을 물어보거나 부탁할 때 또는 감사하다는 말을 하는 경우 많이 사용하는 편리한 말이다.

승낙의 말 「かしこまりました」
"책임지고 하겠습니다"라는 마음이 담겨져 손님에게 안심감을 주는 말이다.

기다리게 할 때 「少々お待ちくださいませ」
「ちょっと」라는 말도 있지만 조금 조잡한 느낌이 들고, 「しばらく」라는 말은 약간 오래 기다리게 하는 느낌을 주며 「少々」라는 말은 "곧 처리해 드리겠습니다"라는 느낌을 주는 말이다.

기다리게 했을 때 「お待たせいたしました」
「少々お待ちください」와 함께 짝을 이루는 말이다. 기다리게 한 손님에게 정중한 목소리로 말한다.

사죄의 말 「申しわけございません」
잘못을 저지르거나 폐를 끼쳤을 때는 솔직하게 사죄한다.

감사의 말 「ありがとうございました」

magic phrase의 대표격이다. 여러 번 들어도 귀에 거슬리지 않는 기분 좋은 말이다.

다른 사람에게 주는 인상

1. 자세

올바른 자세는 대단히 아름답고 어떤 사람에게나 호감을 준다. 자세를 올바르게 하면 본인의 마음도 안정되어 건강을 위해서도 좋다. 앉아 있을 때나 걸어다닐 때 등줄기가 항상 똑바로 된 자세를 유지하도록 유의하여야 한다.

2. 표정

웃음 띤 얼굴은 사람들 마음을 부드럽게 만든다. "눈은 마음의 창"이라고 하여 따뜻한 눈빛은 당신의 매력을 배로 더하는 것으로 다른 사람 앞에서나 손님을 접대할 때 항상 웃음 띤 얼굴을 갖도록 몸에 익히는 것이 중요하다.

3. 침착한 태도

자신 있게 여유 있는 태도는 상대방에 안심감을 준다. 동작이나 말하는 방법이 침착하지 못하고 불안스런 모습을 보이며, 다른 사람과 이야기할 때 곧바로 언성을 높이고 언제나 몸 한쪽 부분을 움직이는 사람은 경솔하게 보여 신뢰감을 주지 못한다. 또 지나치게 똑똑한 체하거나 점잔을 빼면 다른 사람으로부터 오만하다고 오해를 받을 수도 있다. 자기 태도나 말투를 일찍이 발견하여 즉시 시정하도록 노력하여야 한다.

4. 다정한 말과 행동

누구에게나 예의바르고 상대방 입장이나 기분을 이해하려는 마음으로 대한다. 품격 갖춘 행동거지와 올바른 언어 사용, 상대방을 배려하는 다정한 사람은 인간으로서 최고의 멋쟁이라 할 수 있다.

호감 가는 말을 사용하자

[호감 가지 않는 말의 예]
- おれ, 僕, 僕たち, あたし
- おまえ, あんた, あんたたち, ○○くん, 先輩
- あの客, こっちの子供, 男(女)の子,
- この人, 男の人, 担当の人, 年寄り, いっしょの人,
- あんたの会社, ここの 会社,うちの会社,
- 家, 住所, 印鑑, 着ているもの

- あっちでいいですか. こっちにします.

- 誰ですか, どっちの人が課長ですか.

- ありません. そんことないです.

- 分かんない, できない.

- 知らない. 聞いてない.

- すいません. …してもらえませんか.

- どうですか. いいですよ. 分かりました.

- なんの用ですか.

- これ, 急ぐんですか. 忙しいですか.

- 聞いていいですか.

- なんか手伝うことありませんか.

- どこに住んでいるんですか.

- 名前はなんていうんですか.

- 他の人でもいいです. 他の人でもいいですか.

비즈니스 전화

1. 비즈니스 전화의 중요성

현대 비즈니스의 최대 무기는 정보다. 양질의 정보와 신속하게 수
집하는 것이 무엇보다 중요하다. 전화는 정보 입수를 위한 가장 손쉬
운 도구로 연락이나 문의, 예약이나 주문 등 업무수행에 있어서 가장

강력한 파트너다. 그러나 전화는 사용하는 사람의 인품이나 인간성을 곧바로 상대방에게 전달하는 기기다. 한편 전화 응답의 잘잘못은 그 사람의 업무능력으로 평가되며 나아가 회사의 평가나 업적에도 큰 영향을 주는 것이다.

2. 전화 응답할 때 갖추어야 할 사항

전화 응답은 목소리만의 커뮤니케이션이다. 상대방 표정이나 일하는 모습도 볼 수 없다. 난폭한 말씨나 일방적인 이야기는 상대방에게 불쾌감만 줄 뿐 올바른 전달도 하지 못하면서 회사 신용마저 잃게 하는 결과를 초래할 수 있다. 회사에서의 전화 응답은 회사를 대표하는 목소리인 것으로 한 사람 한 사람이 회사 목소리 창구가 되어 기분 좋은 창구 응답이 되도록 하여야 한다.

1) 정확
- 천천히 확실하게 말하도록 한다.
- 복창하여 확인을 한다.
- 메모를 한다.
- 5W(what, when, where, why, who) 1H(how)를 요령 있게 말한다.
- 알기 쉬운 말로 말한다.

2) 정중
- 밝고 시원스럽게 말한다

- 정중한 말을 사용한다.
- 상대방의 말에 적당한 맞장구를 쳐준다.
- 눈앞에 상대방이 있는 것같이 이야기한다.
- 처음과 끝날 때 인사를 잊지 않도록 한다.

4) 신속
- 신호가 울리면 곧바로 받는다.
- 자기 전화가 아닐 때는 당사자에게 신속히 전해 준다.
- 짧게 단락을 지어 전한다.
- 장광설은 엄금한다.

3. 전화로 찾는 사람이 부재 시

전화하는 사람의 수준을 알 수 있는 것은 전화로 찾는 사람이 자리에 없을 때 전화 응답하는 것을 보면 알 수 있다. 영업부 직원들은 낮에 거의 비어 있어 정확한 응답을 할 수 있도록 알아 두어야 한다. 전화로 찾고 있는 사람이 자리에 없어도 즉시 연락을 한다거나 찾는 사람 대신 답변을 하는 등 언제나 손님 요망에 책임지고 응할 수 있도록 하여야 한다.

1) 부재 사유를 말하는 요령
부재 사유가 회사 내에 있을 때와 회사 밖에 있을 때로 구분하여 「…中でございます」 또는 「…いたしております」와 같이 말한다.

[회사 안에 있는 경우]

- 자리가 비어 있을 때 : 席をはずしております

- 회의 중일 때 : 会議中でございます

- 다른 손님과 있을 때 : 来客中でございます

- 전화를 받고 있을 때 : 他の電話に出ております

[회사 밖에 있는 경우]

- 외출 중일 때 : 出かけております

- 출장 중일 때 : 出張いたしております

- 휴가 중일 때 : 休ませていただいております

　　　　　　休みを取らせていただいております

2) 부재 시 전화하는 요령

- 부재 이유나 귀사 예정은 손님이 묻기 전에 적극적으로 알려 준다.
- 부재의 용건, 행선지, 방문자 이름 등은 구체적으로 말할 필요는 없다.
- 부재자의 스케줄을 마음대로 결정하지 않는다.
- 용건이나 전할 말은 손님 입장에서 듣고 즉시 처리한다.
- 전화번호나 전할 말을 들었을 때는 이름을 밝혀 둔다.

3) 부재 시 대화 요령

　회사에서의 전화 응답은 그 회사를 대표하는 목소리이므로 응대하는 인상에 따라 회사의 인상도 달라진다. 명랑한 목소리와 친절한 언어를 사용하여 회사 이미지에 상처를 주지 않도록 한다.

전화벨이 울리면

- 빨리 받는다.

- 메모를 준비하고 똑바른 자세로 받는다.

자기의 이름을 밝힌다

- はい, ○○でございます

- おはようございます. ○○でございます

- お待たせいたしました. ○○でございます

그리고 천천히, 확실하게 본래의 목소리보다는 약간 높이고 말 끝을 약간 올린다.

상대방을 확인한다

상대방이 ××の○○と申します라고 말하면

××の○○様でいらっしゃいますね

- 메모를 한 뒤 복창하여 확인한다.

- 상대방이 이름을 밝히지 않을 때는 또박이 물어본다.

おそれいりますが, どちら様でしょうか

인사를 한다

- いつもお世話になっております

상대방은 「こちらこそお世話になっております」라고 한다.

- 毎度ありがとうございます

정성을 다하여 예를 갖추고 사과한다는 것은 회사를 대표한다 는 것이다.

찾고 있는 사람을 확인한다

○○でございますね. かしこまりました. 少々お待ちくださいませ

- 자기 쪽 사람은 경칭(さん, 様 등)을 붙이지 않는다.

- 성이 같은 사람이 있을 때는 구체적으로 확인한다.

사과한다

申しわけございません. あいにく○○は…와 같이 말한다.

- 진심어린 마음으로 사과한다.

부재 이유를 이야기하고 예정을 알린다

出かけておりまして, 3時ごろには戻る予定でございます

묻기 전에 예정을 알려 준다.

出張しておりまして, 月曜日には出社いたします

행선지나 용건은 말할 필요 없다.

상대방 의향을 물어본다

戻りましたら, お電話を差し上げるようにいたしましょうか

조치에 대하여 적극적으로 물어본다.

ご用件を承りしましょうか

お急ぎでいらっしゃいますか

何かおことづけはございませんでしょうか

전화번호를 알아놓는다.

おそれいりますが, お電話番号をお願いします

용건과 이름을 복창하여 확인한다

(용건, 전화번호 등)でございますね

××の○○様でいらっしゃいますね

- 5W1H로 정리하여 용건이나 이름, 전화번호 등을 복창한다.

자기 이름을 알려 준다

かしこまりました. 私, ○○と申します

- 책임의 소재를 명확히 해 둔다

조치에 대하여 확인한다

○○が戻りましたら, お電話を差し上げるように申し伝えます

- 자기에게 걸려온 전화와 똑같이 정중하게 말한다.

전화를 끝내는 인사를 한다

失礼いたしました.

ごめんくださいませ

- 상대방이 전화를 끊으면 수화기를 놓고 메모한다.

손님이 왔음을 전한다

4) 말을 전해 달라고 부탁을 받거나 부탁할 때

전달을 부탁받았을 때

- 5W1H로 요점을 메모한다.
- 전달할 말이 애매하게 생각될 때는 적극적으로 물어본다.
- 요점을 복창한다.
- 자기 이름을 알려준다.
- 자기에게 걸려온 전화와 똑같은 마음으로 응답한다.

전해 달라는 말을 전하는 경우

- 누구에게, 언제까지 알려 주어야 하는지를 알아 둔다.

- 전할 메모는 구두로도 확인한 후 보기 쉬운 곳에 붙여 둔다.

- 틀리기 쉬운 곳은 다시 한 번 더 말한다.

- 상대방의 업무 상태를 잘 알아 놓는다.

- 전할 말이 없어도 전화가 있었다는 것은 반드시 전한다.

5) 전화 응답할 때 사용하는 말

[찾는 사람에게 중계 전달하는 전화]

이름을 말할 때

- ○○(会社名)の○○課でございます(直通電話)

- ○○(会社名)でございます

- ○○課でございます

会社名이나 상대방 이름을 물어볼 때

- おそれいりますが, どちら様でしょうか

- おそれいりますが, どちら様でいらっしゃいますか

무슨 용건인가를 물어볼 때

- おそれいりますが, どのようなご用件でございますか

- おそれいりますが, どのようなご用件でしょうか

상대방이 좀처럼 용건을 말하지 않을 때

- こちらは00課でございますが,私どもの誰をお呼びいたしま
  しょうか

- ○○課の××と申します.ご用件を承りますが….

서류 등을 찾을 때

- ただいまお調べいたしますので,少々お待ちいただけますで
  しょうか

찾는 사람을 부르러 갈 때

- ○○を呼んでまいりますので,少々お待ちくださいませ

조금 시간이 걸리게 될 때

- 長びきそうでございますので(少しお時間がかかりますので),
  改めてこちらからお電話を差し上げたいと思いますが(存じ
  ますが)いかがでしょうか

전화를 바꿔 줄 때

- ○○(担当)と代わりますので,少々お待ちくださいませ

용건을 몰라 다른 사람과 바꿀 때

- ○○の件でございますね.申しわけございませんが,分る者(担
  当)と代わりますので,少々お待ちくださいませ

담당계가 틀려 다른 계로 돌릴 때

- おそれいりますが,係が違いますので,担当の方(者)へお回し
  いたします.少々お待ちくださいませ

[인사나 감정을 나타내는 말]

인사말

- おはようございます
- いつもお世話になっております
- 毎度ありがとうございます

승낙의 뜻을 전할 때

- かしこまりました

- 承知いたしました

감사의 뜻을 나타낼 때

- どうもありがとうございました

- お手数をおかけいたしまして,ありがとうございました

- ご配慮いただきまして,ありがとうございました

사의를 나타낼 때

- 誠に申しわけございませんでした

- 大変ご迷惑をお掛けいたしました

- 誠に不行き届で申しわけございませんでした

맺는 말

- よろしくお願いいたします

- 失禮いたしました

- ごめんくださいませ

손님 접대

손님 접대의 중요성

회사에서의 손님 접대는 가정에서와 마찬가지로 정중하게 맞이하여야 한다. 회사에서는 매일 많은 손님이 방문한다. 손님의 직종이나 사회적 지위, 성격 등은 천차만별이지만 어느 손님이건 믿음 주고 호감 갖게 하는 질 좋은 접대가 요구되는 것이다. 접수를 담당한 사람이거나 비서 등 손님을 직접 접하는 사람만이 아니고 사원 모두 손님을 소중히 여기는 마음을 갖고 그런 마음을 나타냄으로써 찾아온 손님과의 만남은 멋진 하루가 되는 것이다.

요즘 기계화가 고도로 발달되어 삭막한 정보화 사회에서는 따뜻한 배려나 기분 좋은 접대가 귀중한 것으로 되어 그 가치를 점점 더 발휘하게 된다. 회사를 찾아온 손님에 대한 접대는 접대하는 사람의 인상에 의하여 그 회사 전체 평가가 좌우되는 것이므로 회사원 각자가 회사 대표(이메지 메이커)로서의 고객의식을 가지고 최선을 다하여 접대해야 한다.

[접대 요소]

사람은 오감(五感)으로 모든 사물을 느끼고 판단한다. 그 가운데 강한 인상은 시각과 청각으로부터 들어오는 느낌이다.

[접대 인상]

- 시각적 요소 : 표정, 태도, 동작, 몸가짐
- 청각적 요소 : 말씨나 표현법 따위로 결정된다. 이들 표정, 태도, 동작, 말씨, 몸가짐 등을 접대 요소라고 말한다. 이런 요소가 조화롭게 균형이 이루어졌을 때 좋은 인상을 주는 접대라고 할 수 있다.

손님 접대 방법

1. 접대 단계

손님이 회사를 방문하여 접수에서부터 배웅할 때까지는 5단계로 나누어 생각할 수 있다.

- 첫 번째 단계 : 기분 좋게 맞이한다.
- 두 번째 단계 : 상대방의 용건을 확인한다.

- 세 번째 단계 : 안내한다.

- 네 번째 단계 : 차를 대접한다.

- 다섯 번째 단계 : 정중하게 배웅한다.

어느 단계에서나 실수 없이 접대할 수 있도록 몸에 익히는 것이 중요하다.

2. 접대 매너

- 차별감 들지 않게 공평히 한다.

- 상대방의 이야기를 잘 듣는다.

- 예의 바르게 한다.

- 재치를 발휘하여 신속하게 한다.

- 사내 조직이나 기능에 대하여 정통하도록 알아둔다.

접대 기본동작

1. 자세(서 있는 자세와 앉는 방법)

[서 있는 자세]

- 발을 가지런히 한다 .

- 등줄기를 펴고 턱을 당긴다.

- 어깨의 힘을 빼고 손가락은 가지런히 하여 자연스

럽게 편다.

- 손가락은 치마나 바지 옆구리 선에 맞춘다.
- 말을 할 때는 손을 앞으로 하여 맞잡는다.
- 시선은 똑바로 상대방의 눈을 본다.
- 부드러운 눈빛과 공손한 표정을 짓는다.

[앉는 자세]

- 등줄기를 펴고 천천히 조용하게 앉는다.
- 다리를 가지런히 한다.

  (양 무릎을 붙이고, 발끝은 자연스럽게 편다.)
- 허리를 편다.
- 손은 무릎 위에 가볍게 놓는다.
- 시선은 전방을 바라본다.
- 자연스러운 미소를 띠운다.

2. 걷는 방법

- 무릎을 펴고, 발은 안쪽에 중심을 둔다.

  (넓적다리서부터 발 전체를 앞으로 내놓는 기분으로)
- 수평 이동하는 기분으로 발을 옮긴다.
- 몸이 상하 좌우로 흔들리지 않도록 한다.
- 턱을 당기고 전방을 바라본다.
- 안짱다리걸음이나 팔자걸음을 조심하고 땅에 발이 끌리지 않도

록 한다.(경쾌한 발소리를 즐기는 기분으로)

- 손은 가볍게 쥐거나 가볍게 펴서 자연스럽게 흔든다.

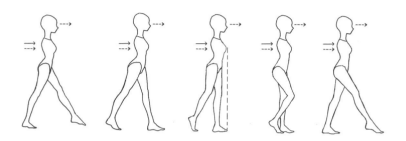

기분 좋게 맞이한다

첫 번째 단계

1. 웃음 띤 얼굴로 맞이한다

- 손님에게 가까이 가서 정중하게 예를 갖춘다.

[응대 예]

(1) 손님 :「失礼します」

◉ 유의할 점

- 다른 일을 하고 있을 때는 가벼운 인사만 한다.

- 손이 나지 않으면「少々お待ちください」라고 자진해서 말을 건다.

(2) 접대하는 사람 :「いらっしゃいませ」

⊙ 유의할 점

한 번에 두 사람 이상의 손님이 왔을 때는 먼저 온 손님을 접대하고, 다음 손님에게는「おそれいりますが, 少々お待ちくださいませ」라고 말하고 미리 양해를 구한다.

2. 여러 가지 인사방법

1) えしゃく(会釈)

아침저녁으로 인사할 때나 복도에서 마주쳤을 때 가벼운 인사방법이다. 시선은 발끝 앞쪽으로 1.5m정도 두고 등은 똑바로 선 자세에서 15도 정도 앞으로 굽힌다.

2) **보통례**(普通礼)

일반적인 인사방법으로 손님을 맞이할 때 등에 사용하는 인사방법이다.

- 발을 가지런히 한다.
- 등줄기를 편 상태에서 상반신만 기울인다.
- 손은 가볍게 앞에 둔다.
-「いらっしゃいませ」라는 말과 인사, 손동작을 동시에 한다.
- 인사를 하면 잠시 그 상태에서 천천히 몸을 일으킨다.
- 머리를 숙일 때보다 올릴 때는 천천히 머리를 올린다.
- 상냥하게 시선을 손님에게 돌린다.

- 시선은 발끝에서 1m 정도 앞을 내려다보고 등은 선 자세에서 30도 정도 앞으로 구부린다.

3) 최경례(最敬礼)

가장 정성 드린 인사방법으로 어떤 일을 사과할 때 등에 쓰는 최고 경의를 나타내는 정중한 인사방법이다. 시선은 50cm 정도 발끝 앞을 바라보고 등줄기는 선 상태에서 45도가량 굽힌다.

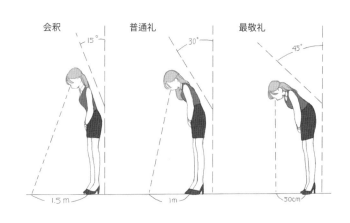

보기 안 좋은 자세

| 팔짱낀 자세 | 중심이 편중된 자세 | 뒷짐 자세 | 호주머니 자세 |

3. 어디에서 온 누구인가 상대방을 확인한다

- 사전 예약의 유무나 처음 오는 손님인가를 알아본다.
- 용건을 정확하게 파악한다.
- 찾는 사람이나 담당자에게 재빨리 연계하여 준다.

[접대 예]

(1) 손님 :「キムさん, いらっしゃいますか」

(2) 접대하는 사람 :「キムでございますね. おそれいりますが,ど
    ちら様でしょうか」

⊙ 유의할 점

- 찾는 사람이 있다 없다고 하는 말은 할 필요 없다.
- 손님의 이름을 물어본다.
- 자주 회사를 찾아오는 손님에게는 이쪽에서 이름을 확인한다.

(3) 손님 :「○○社の××と申します」

(4) 접대하는 사람 :「○○社の××様でいらっしゃいますね.
    - いつもお世話になっております.
    - おそれいりますが, どのようなご用件でしょうか」

⊙ 유의할 점

- 용건을 물어본다.
- 예약이 있었는지 없었는지를 물어본다.

「前もってご連絡をいただいておりますでしょうか」라고 물어 본다

(5) 손님 : 「新企劃の打ち合わせに伺ったのですが」

(6) 접대하는 사람 : 「お打ち合わせでございますね.キムに取りついでまいりますので少々お待ちください」

　⊙ 유의할 점
　- 가까운 곳에 의자가 있으면 앉도록 권한다.
　- 담당자에게 손님 이름과 용건을 전하고 어떤 사정이 있는지
　　확인한다.
　- 담당자가 지시하는 곳으로 안내한다.

명함 다루는 방법

1. 명함 다루기

- 명함은 손님을 대신하는 것으로 정중하게 양손으로 받는다.
- 가슴높이에서 받는다.(명함을 쥔 손은 아래로 내리지 않는다.)
- 회사명, 담당 직무명과 성을 읽고 확인한다.
- 「○○社の××様でいらっしゃいますね」하고 확인한다.
- 읽기가 어려운 때는 실례가 되지 않도록 물어본다.
「おそれいりますが,なんとお読みすればよろしいでしょうか」

　⊙ 유의할 점
　일본어로 한문을 읽는 방법이 너무 많아 지명, 인명, 회사명 등

을 읽을 때 일본 사람도 읽기 어려운 한자가 많으므로 반드시 명함
을 받았을 때 는 본인 앞에서 읽고 올바로 읽는 법을 확인하도록
하여야 한다.

- 명함을 꺾어 접거나 가지고 놀아서는 안 된다.
- 명함을 줄 때는 상대방이 쉽게 볼 수 있도록 명함 방향을 바꿔
  준다.

2. 명함을 꺼낼 때

(1) 손님 :「初めまして, こういう者ですが」

　⊙ 유의할점
　정중하게 명함을 받아 쥔다

(2) 접대하는 사람 :「おそれいります. 韓國商事, 課長のキム様で
　いらっしゃいますね. 本日は, どのようなご用件でしょうか」

　⊙ 유의할점
　- 명함을 소리 내어 읽어 확인한다.
　- 잘못 읽었을 때는「失礼いたしました」라고 사죄한 후 바르
　　게 고쳐 읽는다.

(3) 손님 :「担当が代わりましたので, ご挨拶に伺いました. 部長
　さん, おいでになりますか」

　⊙ 유의할점
　- 용건을 듣는다.

(4) 접대하는 사람 :「前田でございますね. ただいま, 連絡をとり

ますので, 少々お待ちくださいませ」

◉ 유의할 점

- 내 편(같은 회사 직원)에 대하여는 경칭(さん 등)을 쓰지 않는다.

여러 가지 접대

1. 예약이 있는 손님

(1) 손님 :「昨日, お電話いたしました金と申しますが」

◉ 유의할 점

- 예약한 손님의 회사 방문시간, 이름, 상담 담당자에 대한 사전 정보를 들어놓는다

(2) 접대하는 사람 :「○○社の××様でいらっしゃいますね. お待ちいたしておりました. ご案内いたしますので, どうぞ, こちらへ」

즉시 응접실로 안내하여 담당자와 만나게 한다

2. 찾는 사람이 부재인 경우

(1) 손님 :「○○社の××と申しますが, 平山さんにお会いしたいのですが」

(2) 접대하는 사람 :「申しわけございません. 平山は外出しており

ますが, どのようなご用件 でしょうか」

- 사죄하는 마음으로 부재 이유를 말한다.

- 용건에 따라 대리인을 내세우기나 처리힐 수 있는 것은 대행
한다.

(3) 손님 :「ちょっと, 近くまで来ましたので」

(4) 접대하는 사람 :「わざわざお立ち寄り頂きましてありがとう
ございます. 午後には, 戻る 予定でございますが…」

- 회사에 돌아오는 예정을 알려 준다

- 필요하다면 연락처나 전할 말을 들어 둔다.

(5) 손님 :「そうですか, ではまた来ます」

- 이쪽에서 연락을 하는 것이 좋은 경우에는 그 취지를 알려놓
는다.

- 平山が戻りましたら, 早速お電話を差し上げます」

(6) 접대하는 사람 :「さようでございますか, それでは, ××様が
お見えに なったことを平山に申し伝えておきます. おそれい
りますが, お越しいただくときには前もってご連絡いただけま
すでしょうか, よろしくお願」いいたします」

3. 면회를 사양할 경우

(1) 손님 :「○○社の××です. 權課長にお目にかかりたいのですが」

- 정중하게 사죄한다.

- 상사의 의향에 따른 응대를 한다.

- 손님 입장이나 용건을 확실하게 파악한 후에 조치를 한다.
(2) 접대하는 사람 :「せっかくお越しいただきましたのに大変申
しわけござ いません. ただいま, 仕事がたてこんでおりますの
で, 日を改めてお越し願えませんでしょうか」
- 상사의 말로 표현할 때는「日を改めてお越しいただきたい
と申しております」라고 한다.

4. 재차 방문하였을 때

(1) 손님 :「先程はどうも…」
(2) 접대하는 사람 :「○○社の××様でいらっしゃいますね. たび
たびお越しい ただきましてありがとうございます. 取りつい
でまい りますので, 少々お待ちくださいませ」
- 이쪽에서 이름을 확인한다.
- 수고를 위로하는 인사말을 한다.
ご足勞をおかけいたしまして申しわけございません.
「先程は失礼いたしました」

5. 가끔 회사를 찾아오는 경우

(1) 손님 :「先日はどうも…」
(2) 접대하는 사람:
- ××様でいらっしゃいますね. お忙しいところをありがと

우고자이마스.

- キムに取りついでまいりますので, 少々お待ちください」
- 이쪽에서 이름을 부른다.
- 인사말을 생각한다.
- 담당자가 항상 정하여진 때는 그 뜻을 알리고 신속히 연계한다.

[엘리베이터, 복도, 계단에서 빛을 내는 매너]

당신의 배려나 상냥한 말 한마디가 부드러운 분위기를 만든다.

- 다른 사람과 스쳐지나갈 때 간단한 인사(会釈=えしゃく)를 한다.
- 방황하는 손님을 만나면 「いらっしゃいませ」라고 인사를 한 후
  안내를 한다.
- 엘리베이터를 오르고 내릴 때는 서로 방해가 되지 않도록 주의
  하고 「降ります」, 「すみません」, 「ありがとう」라고 서로 인사를 한다.
- 엘리베이터 안에서는 조작판 쪽에 서서 「何階ですか」라고 내리
  는 층을 물어 해당 층 단추를 눌러준다.

세 번째 단계

손님을 안내한다

– 손님의 페이스에 맞추어 선도한다.

– 가는 곳을 알려준다.

– 응접실로 안내한다.

접대하는 사람 :「お待たせいたしました. 応接室へご案内いたしますので, どうぞ, こちらへ」

– 손님으로부터 비스듬히 앞쪽을 조용히 걷는다.

접대하는 사람 :「お荷物をお持ちいたしましょうか」

– 손님의 짐을 들어주거나 발을 조심하도록 알려준다.

「お足元にお気をつけくださいませ」

접대하는 사람 :「こちらでございます」

– 응접실은 비어 있다는 것을 확인한 후 문을 연다.

접대하는 사람 :「コートをこちらにお預りいたしましょうか」

– 외투와 같은 것은 옷걸이에 걸어준다.

접대하는 사람 :「どうぞ, 奥へお掛けくださいませ」

– 상석에 앉을 것을 권한다.

접대하는 사람 :「こちらで少々お待ちくださいませ」

– 앉는 것을 확인한 다음 인사를 하고 응접실을 나온다.

– 문의 손잡이를 돌려서 조용히 닫는다.

– 오래 기다리게 하지 않도록 주의, 가끔씩 적절한 조치를 취한다.

[상석의 위치를 알아놓는다]

응접실

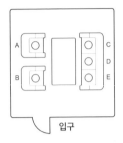

입구

사무실

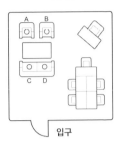

입구

문을 열고 닫기

[앞으로 당겨서 여는 문]

① 손잡이를 잡고 문을 앞으로 연다.

② 안으로 들어가도록 권한다.

③ 문을 잡고 있다가

④ 손님이 들어가면 닫는다

[앞으로 밀어서 여는 문]

① 손잡이를 잡고 문을 민다.

② 밀어 열면서 실내 안으로 들어간다.

③ 문을 붙들고 안으로 들어가도록 권한다.

④ 문을 닫는다

[응접실에 들어갈 때의 매너]

응접실에서는 방해가 되지 않도록 조용히 한다.

- 노크는 가볍게
- 들어가고 나올 때는 「失礼いたします」라는 말을 잊지 말 것.
- 문의 손잡이는 돌려서 조용히 닫는다.
- 응접실 밖에서는 큰 소리로 웃거나 이야기하지 않는다.

[회의 준비와 차 접대]

- 사람 수를 확인하여 자리를 준비한다.

  (회의 자리는 참석한 사람이 서로 볼 수 있도록 ㄷ자형이나 원탁형으로 하는 것이 좋다. 의자는 여유 있게 준비한다.)

- 회의에서 필요한 자료나 도구는 사전 점검하여 놓는다.

  (명함, 물주전자, 흑판, 흑판지우개, 분필, 모조지, 마이크 등)

- 회의를 차질 없이 할 수 있도록 환경을 정비하고 진행에 유의한다.

- 회의내용, 개최시기, 출석자 등을 사전에 알아둔다.

- 차나 식사시간이 결정되어 있으면 일찍 준비하여 늦지 않도록 한다.

- 차는 상사나 상석 순으로 내어 놓는다

- 회의 시작 직전이나 인사가 끝난 후 시간에 맞추어 차를 내어 놓는다.

- 토의가 한창인 때 차를 내어 놓으면 분위기가 깨지기 쉬우므로 주의한다.

- 회의 참석자 전원에게 차를 전부 돌렸는지를 확인한다.

- 회의 중에 자유롭게 마실 수 있도록 차 세트를 준비한다.

배웅하기

[배웅하는 방법]

- 미소 짓는 얼굴과 또 오시라는 기분으로 배웅 때 어울리는 말로
  인사한다.

손님 : 「あっ, どうも, 失礼します」

접대하는 사람 : 「失礼いたしました」

- 정중하게 인사한다.
- 손님의 입장에서 상황에 따라 배웅시의 말도 적정한 말을 골라
  사용한다.

「雨の中をわざわざお越しいただきましてありがとうございました」

접대하는 사람 : 「どうぞ, お気を付けて, お帰りくださいませ」

- 보관된 물품이나 잊은 물건은 없는지 주의한다.

접대하는 사람 : 「ありがとうご
ざいました」

- 소리 높여 웃거나 손님의
  비평을 하지 않는다.
- 뒷모습이 보이지 않을
  때까지 배웅한다.

제3장

비즈니스맨의 마음가짐

매너는 자기표현이다

에티켓의 내용은 시대에 따라 달라진다. 에티켓은 오늘날 컴퓨터 정보통신시대가 되면서 자칫 냉정하기 쉬운 직장의 인간관계를 인간적으로 만들기 위한 기본적 규범이다. 에티켓의 기본적 사고방식은 다음과 같이 구분하여 설명할 수 있다

- 다른 사람에게 폐를 끼치지 않는다.
- 다른 사람에게 호감을 준다.
- 다른 사람을 존경한다.

그러나 형식적 에티켓은 아무 의미가 없다. 상대방을 존경하고 인간을 중요시하는 마음과 다정한 배려가 들어 있는 사고방식만이 인간관계를 즐겁게 만드는 것이다.

자기소개

1. 자기소개의 목적

자기소개는
- 당신의 이름이나 인품에 대한 강한 인상을 주고
- 당신에 대한 친근감이나 관심을 나타내기 위하여 하는 것이다.
서로 자기소개를 하므로 긴장감을 없애고 부드러운 분위기를 만드는 것이다.
자기소개는 자기를 올바로 이해하게 하여 상호 신뢰관계를 쌓기 위한 첫걸음이다. 사람을 만나면 적극적으로 자기소개를 하도록 한다.

2. 자기소개 방법

- 이름에 강한 인상을 주고
- 웃는 얼굴로 눈과 눈이 마주치도록 한다.
- 유머를 섞어서 이야기를 마무리한다.

3. 격식을 차려야 할 자리에서의 자기소개

- 인사
- 출신지나 출신학교, 소속 등
- 이름

- 학교나 직장, 가정 분위기
- 취미나 즐기는 일, 기타
- 일상 느끼고 생각하였던 일
- 맺는 말

4. 적극적인 자기소개

(1) 상대방의 얼굴이나 이름을 안다 하여도 인사 한번 하지 않은 사람에게는 자기가 먼저 자기소개를 한다.

> 「失礼ではございますが, ××様でいらっしゃいますね. 前に 会議で ご一緒させて いただいたことがございまして(알게 된 이 유), 一 度ご挨拶申し上げたいと 思っておりました. 私, キム キ ュ ウク と申します. どうぞよろしくお願いいたします.」

상대방의 이름을 알지 못할 때는 사전에 알고 지내는 사람에게 들 어둔다. 또 상대방이 윗사람인 경우에는 소개하는 사람을 내세워 소 개받도록 한다.

(2) 여러 사람 앞에서 지명받아 자기소개를 할 때 수줍어하거나 소 극적으로 하지 말고 앞으로 나가(전원이 보이는 곳에 서서) 또바기 인 사를 한다. 극단적인 자기PR나 장광설은 피하도록 한다.

자기소개 매너

직장생활을 하면 소개받거나 소개하는 경우가 의외로 많다. 사람들과의 연결 고리를 넓혀 교류를 튼튼히 하는 동기는 소개로부터 시작되는 것이다. 소개방법과 순서를 기억 해 두자.

1. 소개를 할 때

(1) 나이와 지위가 다른 사람을 소개할 때
 - 나이가 적은 사람을 나이 많은 사람에게 소개한다.
 - 지위가 낮은 사람을 먼저 지위가 높은 사람에게 소개한다.
(2) 나이나 지위가 비슷한 사람을 소개할 때
 - 내 쪽의 사람이거나 친분이 있는 사람을 먼저 소개한다.
 - 남녀의 경우는 남성을 먼저 소개한다.
(3) 한 사람(소수)을 여러 사람에게 소개할 때
 - 한 사람(소수)을 많은 사람에게 먼저 소개하고, 여러 사람은 우측부터 차례로 소개한다.

[상사를 손님에게 소개할 때]

① 상대방에게 상사를 소개   ② 상사에게 상대방을 소개   ③ 상사와 함께 가벼운 인사

[자기 자신이나 상사 다같이 손님과 초대면인 때]

① 상사가 먼저 자기소개를 한다.   ② 상사로부터 소개받는 것을 기다린다.

2. 소개를 받을 때

1) 소개를 받을 때는 원칙적으로 일어나 복장을 가지런히 하고 격식 차린 자세로 바라본다.

2) 상냥한 모양으로 자신의 신분, 성명을 또박이 밝히고 한번 가볍

게 인사한다. 신분은 소속, 지위, 소개자와의 관계, 사는 곳 등을 덧붙이기도 한다.

「失礼ではございますが, ○○(会社名)で営業をしております××と申します. どうぞよろしくお願いいたします.」

「○○さん(紹介者)と親しくさせて頂いております××でございます.今後ともよろしくお願いいたします.」

3) 소개를 받은 사람은 적극적으로 말을 걸어 부드러운 환담이 되도록 한다.

접대 매너

기업들은 손님과의 커뮤니케이션을 강화하고 또 거래를 원활하게 보살펴 준 데 대한 인사와 위로를 위하여 접대기회가 많다. 접대는 손님을 충분히 즐겁게 하도록 마련한 것이다. 손님을 중심으로 하고 접대하는 쪽은 한 단계 조심스러운 태도로 대하여야 한다.

1. 접대할 때

- 손님 사정을 확인하여 일시, 장소, 출석자 등을 안내한다.

(공식적인 경우는 안내장을 낸다.)
- 접대 상대방이나 접대 이유를 고려하여 장소를 선정한다.
  (필요하다면 사전에 예비조사를 해 둔다.)
- 요리나 접대방식은 손님의 기호에 맞춘다.
- 그 지방 풍습, 관습에 대한 정보를 얻어둔다.
- 시간에 쫓기지 않도록 스케줄은 여유를 갖도록 한다.
- 예산을 고려한다.
- 접대 중에는 주빈을 중심으로 결례되지 않도록 배려한다.
- 당일 선물용 토산품이나 자동차 준비와 분실물이 발생하지 않도
  록 주의한다.

2. 초대를 받았을 때

- 명함을 많이 준비해 둔다.
- 정한 시간을 지킨다.(너무 일찍 오거나 늦지 않도록 한다.)
- 안내된 자리에 앉는다.
- 진행(인사, 건배, 식사 등)은 접대하는 쪽의 진행순서에 따른다.
- 부드러운 분위기 조성을 위하여 자기 마음대로의 행동은 삼간다.
- 식사 속도는 주위와 맞춘다.
- 요리나 술은 자기 마음대로 주문하지 않는다.
- 과음은 다른 사람에게 폐를 끼치는 일이다.

[접대할 때 주의할 점]
- 좌석의 흥을 깨지 않도록 화제를 이끌어내고 손님 이야기를 듣는 입장이 된다. 정치나 종교에 관한 화제는 피한다.
- 손님은 뒤에 두고 사내 사람들끼리만 오래 말하는 것도 요주의 대상이다.

식사 매너

- 식사 권유를 받은 때는 가능한 한 사양하지 말고 즐겁게 받아들인다.
- 식사 종류나 금액은 상대방과의 균형을 고려한다.
- 식사 중에는 밝고 즐거운 화제를 항상 유의한다.
- 말없이 조용히 먹거나 반대로 식사 내용에 대하여 비판하지 말 것.
- 음식에 대하여 권위자인 체하는 것도 불쾌감을 준다.
- 소리 내지 않고 조용히 먹는다.
  (짜금짜금 소리를 내거나 혀를 차는 일은 삼간다.)
- 깨끗이 먹는다.
  (지저분하게 먹거나 좋다 나쁘다 하며 남겨놓는 일은 없도록 한다.)
- 먹는 속도는 상대방에 맞춘다.
- 뷔페식의 경우는 자기가 먹을 수 있는 양만 접시에 담는다.
- 감사의 기분을 잊지 말 것.
- 대접을 잘 받은 때는 후일에도 다시 인사말을 하도록 한다.

탑승 매너

1. 자동차 승차 매너

- 손님이나 윗사람부터 먼저 타도록 한다.
- 문을 열고 짐은 맡아두고 「どうぞ」라고 하며 권한다.
- 올라타면 창문의 개폐나 택시요금 지불 등에 유의한다.
- 내릴 때는 먼저 내려 기다린다.
- 주변이나 발밑 안전을 확인한다.
- 짐이 있어 먼저 받아내면 내리기 쉽다.
- 손님이나 상사가 운전하는 차에 탈 때는 조수석에 타도록 한다.
- 배웅할 때는 인사하고 문을 닫은 후 차가 움직이기 시작하면 다시 한 번 더 인사를 한 후 차의 뒷모습을 보면서 배웅한다.
- 배웅 받을 때는 차창을 열고 인사말을 한 후 차가 떠나면 가벼운 인사(会釈)를 한다.

승용차 안에서의 좌석 순위

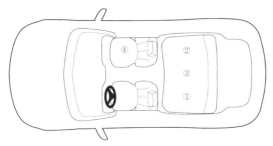

2. 기차나 비행기의 좌석

- 그린(グリーン)차나 일등차 이용은 사내 규정에 따르고
- 상사나 손님과 함께 탈 때는 상황에 따라서 클래스를 결정하지
  만 떨어진 자리에 앉았다 하여도 오르고 내릴 때는 손님이나 상
  사 자리 가까이 가서 신경을 써준다.
- 나란히 자리를 잡았을 때는 대화나 식사 등 상대방이 부담되지
  않고 편안한 여행이 되도록 배려한다.

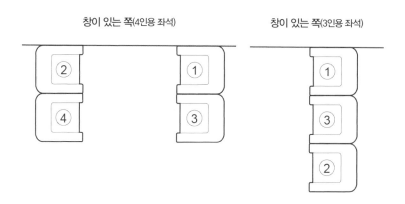

창이 있는 쪽(4인용 좌석)　　　　창이 있는 쪽(3인용 좌석)

참고문헌

ビジネス日本語 Drills(2007년 9월발행) 松本節子, 長友惠美子,
　　　佐久間良子 共著, 2007

日本語マナー(ほんとうの敬語), 板坂 元 編著

ビジネス敬語活用事典, 安田賀計 著

知らないと恥をかく敬語常識集, 宇野義方 著

常識として知っておきたい日本語, 柴田武 著